Side Effects In Education

教育效果的辩证

[美]赵 勇◎著　　陈霜叶　侯滟斯　朴汇燕 等◎译

华东师范大学出版社
·上海·

图书在版编目(CIP)数据

教育效果的辩证/(美)赵勇著;陈霜叶等译.

上海:华东师范大学出版社,2024. —ISBN 978 - 7

- 5760 - 5195 - 7

Ⅰ.G40 - 03

中国国家版本馆 CIP 数据核字第 2024851B9L 号

教育效果的辩证

著　　者　[美]赵勇
译　　者　陈霜叶　侯滟斯　朴汇燕 等
策划编辑　彭呈军
责任编辑　吴　伟
责任校对　彭华惠　时东明
版式设计　刘怡霖
封面设计　卢晓红

出版发行　华东师范大学出版社
社　　址　上海市中山北路 3663 号　邮编 200062
网　　址　www.ecnupress.com.cn
电　　话　021 - 60821666　行政传真 021 - 62572105
客服电话　021 - 62865537　门市(邮购)电话 021 - 62869887
地　　址　上海市中山北路 3663 号华东师范大学校内先锋路口
网　　店　http://hdsdcbs.tmall.com

印 刷 者　上海展强印刷有限公司
开　　本　890 毫米 × 1240 毫米　1/32
印　　张　7.125
字　　数　145 千字
版　　次　2025 年 1 月第 1 版
印　　次　2025 年 1 月第 1 次
书　　号　ISBN 978 - 7 - 5760 - 5195 - 7
定　　价　58.00 元

出 版 人　王　焰

中文版序言

这本书的构思起源于 2003 年。那年春天在北京有一场教育改革会议。会议邀请了亚太经合组织成员教育部门的官员和学者共同讨论各国的教育改革。我当时注意到一个十分有意思的现象：西方国家比如美国、澳大利亚、新西兰等特别想向东方国家比如中国、韩国、日本等学习，在教育改革中强调统一考试、统一课程等，而东方国家又特别羡慕西方国家学生的创新创造能力，在教育改革中强调减负、减少考试等。

这十分有趣，很多人将这种不同理解成一种教育质量的差异，认为某些国家的教育比其他国家的好，想向对方学习，而且花费很多精力寻找对方教育的优势。但是，是否可以从另外一个角度考虑，东方国家学生的优异成绩是否是以牺牲创造力为代价的？西方国家学生的创造力是否是以牺牲考试分数为代价的呢？

就这个问题，我思考了很久，同时也发现了许多有意思的数据。比如，TIMSS（国际数学和科学趋势研究）数据表明学生的分数与学生对学科的兴趣和信心成反比。PISA（国际学生评估项目）数据也表明学生的分数与其信心以及对学习生活的满意度成反比，与创业信心也成反比。也就是一个国家（地区）学生的考试分数越高，其信心、兴趣等情感因素就越低。这些数据说明什么呢？

"是药三分毒"是中国的一句古话,说明了一个非常普遍的道理:是药就有副作用。从某个角度来说,有用就有害。而正是对有害的副作用以及药物安全的关注促进了现代医药的发展。

　　那么教育是否有副作用呢? 一般大家会认为教育是一件好事,所以很少想到教育的副作用。但是教育的副作用确实存在。就像四环素可以治疗感染,但也可以破坏牙齿一样,任何一项教育政策或教学方法在带来好的教学效果的同时可能也会带来不好的破坏作用。比如20世纪70年代兴起的直接教学法可以让学生很快记住要掌握的知识,但会降低学生学习的自主性和创造力。而探究式教学法与直接教学法相比,其在短期内让学生掌握知识的效果要弱一些,但长期来看更有利于培养学生的自主性、创造力以及理解力。

　　教育副作用的表现形式很多。有的政策或方法有良好的短期效果,但长期来看则有负面影响。有的政策或方法对掌握知识有效,但可能破坏个体的信心、兴趣和创新创造能力。有的政策或方法对富裕家庭的孩子有效,但对不富裕家庭的孩子有害。有的教师对成绩好的学生有益,但对成绩不好的学生有害。

　　教育副作用产生的原因有很多。比如,教育有多重目标,既要让学生掌握知识技能,又要培养学生的全面认知能力;既要有短期的学科成绩,又要照顾学生的兴趣和未来创造力;既要关注学生的身心健康,又要提升学生的道德认知,等等。而这些目标往往会相互冲突,对某些方面的提高就有可能冲击到其他方面。再比如,教育政策或方法要用于广泛的环境,但不同区域和不同人群是有不同需求的,没有一个方法或政策对所有人都是有利的。

当然，教育的副作用不都是不利的。有些政策或方法的副作用也许在设计的时候并不明确，而是在使用后慢慢发现的。这些副作用也许是有价值的，也许对某些学生或者某些学习目标有帮助。

教育的作用与副作用就像物理上的作用力与反作用力一样，是一体两面、同时存在的。因此教育政策的制定、教学方法的研制都应该看到它们。从事教育研究的人员应该像医学界一样，既要汇报一个政策或方法的作用，也要报告其副作用。教师、学生、家长也应该基于对相关副作用的了解从而做出最佳选择。而教育的进步也是要着眼于不断地研发新的政策和方法来减弱副作用。

由于教育界没有像医学界一样研究教育副作用，因此大部分教育政策、教学方法的研究基本上要么只是关注作用，要么只是关注副作用。本书的目的就是通过各种案例指出教育的作用与副作用，呼吁教育界加强对副作用的研究。

本书英文版 2018 年在美国出版以来引起了研究者们对教育副作用研究的兴趣，2024 年我又合作编辑了美国教育研究协会（AERA）的《教育研究综述》(*Review of Research in Education*)，它是以教育副作用为主题的年刊。我们收到了 200 份投稿，最后选定了 12 篇发表。这表明了教育研究人员对教育副作用的兴趣，但同时我们也注意到大部分研究人员对教育副作用的理论和实践还不够了解。

近 10 年来，教育实证研究在中国蓬勃发展。但对于实证研究来说，一个重要的问题就是收集什么样的证据。希望本书中文版的出版能够引起广大教育工作者对教育副作用证据的关注，从而收集、分析这些数据，促进教育的发展。

非常感谢本书的译者和华东师范大学出版社对本书中文版的面世所作出的贡献。

赵　勇

2024 年 5 月 31 日于美国

目　录

致谢 1

前言 1

第一章　当风险大于收益时:《不让一个孩子掉队》法案的有效
性、效果和副作用 1
诊断和药方 2
《不让一个孩子掉队》法案的效果和有效性 7
《不让一个孩子掉队》法案的副作用 12
小结 21

第二章　教育领域错失的医学研究教训:为什么随机对照试验
(RCT)不适用于阅读优先计划 25
阅读优先计划的案例 26
副作用:错失的医学领域教训 37
超越随机对照试验:小结 43

第三章　无益的成功与有效的失败:直接教学法和课堂中的副作用 44
对直接教学法的不满 46

直接教学法的有效性 vs. 效果   51

直接教学法的作用与副作用   62

小结   66

第四章   代价何在:东亚系统层面的副作用   68

对东亚教育的惊人崇拜   69

有效性的证据   70

亚洲模式   73

发挥效用的亚洲模式:作用与副作用   81

小结   92

第五章   可见学习的"兔子洞":潜伏的隐性副作用   93

多种教育结果   97

一个生态学的隐喻   99

结果 vs. 结果:追求学业成就的副作用   103

小结   110

第六章   从何时有效到谁受伤害:当教育券失效时   111

能力倾向与教学处理交互作用(ATI)   113

能力倾向与教学处理交互作用(ATI)研究的经验教训   116

从作用到副作用   118

谁会受到伤害:教育券的案例   120

小结   129

第七章　对万灵药的徒劳追求:教育中的论战、钟摆效应和万

**　　　　　灵药**　　　　　　　　　　　　　　　　　　　　**131**

　　教育中的周期性论战与钟摆效应　　　　　　　　133

　　难以捉摸的中间立场　　　　　　　　　　　　137

　　对万灵药的追求　　　　　　　　　　　　　　140

　　对副作用的忽略　　　　　　　　　　　　　　145

　　激烈的论战与新的万灵药:小结　　　　　　　147

第八章　重视研究副作用:号召行动　　　　　　　**150**

　　为什么要研究副作用?　　　　　　　　　　　152

　　我们为何还没有?　　　　　　　　　　　　　160

　　号召行动　　　　　　　　　　　　　　　　　163

　　研究副作用的副作用:结论　　　　　　　　　168

参考文献　　　　　　　　　　　　　　　　　　　**169**

致　谢

　　如果没有众人的鼓励、建议和支持，我是不可能写出这本书的。由于篇幅有限，我无法逐一感谢所有为本书作出贡献的人，但我想着重提及一些间接影响到本书写作的人。在我刚开始关注教育副作用的时候，美国亚利桑那州立大学（Arizona State University）的大卫·柏林纳（David Berliner）给了我很大的启发；美国密歇根州立大学（Michigan State University）的肯·弗兰克（Ken Frank）审阅了本书前期论文的初稿。肯（Ken）作为我的老朋友、同事和合作伙伴，给了我非常好的反馈，这极大地促进了我的思考。美国康涅狄格大学（University of Connecticut）的罗恩·贝耶托（Ron Beghetto）是与我讨论想法的另一位密友和同事，他也极大地影响了我的想法。

　　美国波士顿学院教授、《教育变革杂志》（*Journal of Educational Change*）主编丹尼斯·雪莉（Dennis Shirley）帮助我将教育副作用这一观点付诸出版。我曾将相关稿件闲置两年多，直到丹尼斯建议我考虑将其提交至《教育变革杂志》发表。在丹尼斯和审稿人的帮助下，《是药三分毒：反思教育中的副作用》（*What Works Can Hurt: Side Effects in Education*）一文于 2017 年年初发表。

　　简·沃德（Jean Ward）是教师学院出版社（Teachers College Press）负责与我联系的编辑，她鼓励我将这篇文章扩展成一本书。虽然我曾有此想法,但是简促使我付诸了行动。此外,简的勤奋、专业和智慧极大地提升了这本书的质量。

我在美国堪萨斯大学(University of Kansas)的一群同事对本书中的一些观点产生了直接影响。在我撰写本书时,我和团队一起制定了一项聚焦教育副作用的研究提案。这个团队的成员包括芭芭拉·科尔(Barbara Kerr)、迈克·韦梅耶(Mike Wehmeyer)、尼尔·金斯顿(Neal Kingston)、阿奎·萨特奥格鲁(Argun Saatcioglu)、杰米·巴瑟姆(Jamie Basham)、大卫·汉森(David Hansen)、肖恩·史密斯(Sean Smith)、特丽娜·艾姆勒(Trina Emler)和嘉思明·帕德哈尼(Jasmine Padhani)。肯(Ken)和罗恩(Ron)也远程加入了这个团队。他们通过每周的会议帮助我完善了教育副作用的观点。其中,我要特别感谢尼尔·金斯顿(Neal Kingston)启发我注意到能力倾向与教学处理交互作用(ATI)以及巴尔布·科尔(Barb Kerr)拓展了我对教育结果的看法。

最后,如果没有家人的支持,我不可能潜心完成这项研究。更重要的是,我的每一位家人都是本书初稿最严厉的批评者。他们善意的批评极大地提升了终稿的质量。

我很感激每一位对本书的构思产生过影响的人,但书中任何观点或错误都只代表我个人的立场。

赵 勇

前　言

当你去买"艾德维尔"（一种布洛芬品牌）的时候，会发现包装上会标明这种提示："布洛芬可能会引起强烈的过敏反应"，"此药可能会导致胃出血"。所有的药品必须在包装上标明其药效和已知的副作用。以布洛芬这种常见止痛药为例，它是为了暂时缓解"轻微的疼痛"，已知副作用包括过敏反应和胃出血。因此，布洛芬类药品必须注明这些可能的不良反应。

然而，我们却很少收到有关教育产品副作用的提示。

比如说，教师或学校领导不会收到类似的信息提示："这个项目可以提高学生的阅读分数，但可能会让他们永久地痛恨阅读。"

家长不会被告知学校里的教学有哪些效果和副作用。比如说："这个做法可以让你的孩子成为更好的学生，但可能会让她的创造力降低。"

公众从未接收过关于大规模教育政策副作用的信息："择校可以提升部分学生的成绩，但是却可能导致美国公共教育系统的崩塌。"

教育领域发表的研究报告中也很少谈及教育干预措施的潜在不利影响。教育研究通常专注于收集证据来证明或反驳研究成果、项目、政策和实践的有效性或预期效果。最近有关循证教育实践与政策的运动只是为了收集和验证相关成效的证据，而并不关心所谓的副作用。

这是否意味着教育能对不利的副作用免疫？是否意味着所有教育

都不会对学生产生负面影响？

* * *

在《不让一个孩子掉队》法案（*No Child Left Behind Act of 2001, 2002*）颁布后，我首先联想到的是一个中国成语——饮鸩止渴。这一法案得到了美国两党的一致认可，并且被广泛认为是解决美国教育顽疾的良方，即解决美国学生在阅读和数学方面成绩较低且教育成就差距日益扩大的问题。当时唯一引起强烈争议的是，该政策并未得到美国联邦政府的资金支持。换句话说，如果有更多的资金来支持该法案实施，那么其中提出的解决方案或许才能真正促成美国教育的变革。

本书第一章将介绍《不让一个孩子掉队》方案的主要构成：考试与问责、聚焦阅读和数学、科学证明有效的教学材料和教学策略。

《不让一个孩子掉队》法案旨在满足人们对优质教育的强烈需求，但它提出的解决方案却是错误的。这个方案就像中文成语"饮鸩止渴"里所指的毒酒——看似能短暂止渴，但长远来看却是致命的。因此我写了一本书来揭示《不让一个孩子掉队》法案的长期危害，即《迎头赶上，还是领跑全球：全球化时代的美国教育》（*Catching Up or Leading the Way: American Education in the Age of Globalization*），这本书在 2009 年已经出版了。

我并没有天真到认为我的书可以阻止美国教育的"自我毁灭"趋势，但我很高兴的是，至少我拉响了警报。事实证明，《不让一个孩子掉队》法案对美国教育造成了巨大的负面影响。它并没有如预期一般解决问题，反而永久地改变了美国教育的面貌和价值观。更重要的是，我为这本书所作的研究和思考引导我自己进行了一系列的探索，这些探索已被证明对思考教育问题很有意义。

＊　＊　＊

中国有句俗语叫"是药三分毒"，它同样适用于描述《不让一个孩子掉队》法案。该法案声称要将教育发展成一个循证的实践领域。"基于科学证据的研究"一词在该法案中被提及100多次。法案资助那些经科学证据证明有效的教育活动与实践，借助数十亿美元的资金，将教育领域的循证运动推向了新的高度。教育研究被鼓励向医学领域学习，可医学领域内的变革则又是教育领域所艳羡而不可及的。教育领域从医学领域学到的首要经验就是随机对照试验法（RCT）。但是《不让一个孩子掉队》法案却忽视了另一个推动医学转化为现代医学的宝贵经验——"是药三分毒"。

《不让一个孩子掉队》法案的支持者和循证实践的倡导者只关心干预措施的有效性，即干预是否能够以及在多大程度上能够产生预想的结果。他们没有考虑干预措施的副作用，即继发性不良反应。基于对各国教育的观察，教育和药一样，既有成效，也会伴有副作用。一方面，某些教育体系能够成功地培养出具有服从品质以及高度一致性的公民和劳动者，但它（似乎）难以培养出具有创造力和多样性的思想者。另一方面，美国的教育体系看似能够培养出更多有创造力的企业家，但却未能向更多儿童普及基础知识。这是否意味着，某些教育实践在有效实现特定教育目标的同时，也会妨碍其他同等重要的教育目标的实现。

＊　＊　＊

这一问题引导我探索教育中的副作用。教育中副作用的出现基于很多常识性的原因。首先，时间是一个常量。当你把时间花在一项任务上时，就不能同时把这些时间再花在另一项任务上。如果一个孩子在阅读上投入了额外的时间，那么他用于艺术或音乐学习的时间就会相应减少。同样，如果一所学校只专注于两三个核心科目，其学生探索其他科目的时间就会受到限制。而当学校系统仅侧重于阅读和数学等少数科目时，学生就没有时间做其他可能更重要的事情。

其次，资源是有限的。一旦资源被投入某项活动时，其就无法同时被用于其他活动。当学校的资源被投入到共同核心课程时，其他科目就会被边缘化。当学校被迫只关注提高考试成绩时，便不会开展那些能促进学生长期发展的活动。

然后，一些教育结果可能具有内在的矛盾性。一个教育系统既想要培养高度服从的劳动者，同时又想要培养具有创造力和企业家精神的多样性人才，这是很难实现的。研究也表明，一味地追求考试成绩和知识的获取可能会以牺牲好奇心和信心为代价。

最后，同样的产品对于不同的个体、环境可能产生不同的效果。比如，有些人对青霉素过敏，有些药物与酒精同时服用会引起不良反应。同样，有些教育实践，如直接教学法，可能对知识的传授很有效，但却不适用于激励学生进行长期探索。特许学校（Charter Schools）可能会偏爱那些有选择权（并且可以做出选择）的人，而牺牲那些没有能力利用选择权的人。

这本书呈现了我十多年来的发现。简而言之，我发现，由于上述显而易见的常识性原因，任何教育干预措施都可能给教育带来危害。我还发现，忽视教育的副作用是引起教育领域持续性论战（Perpetual Wars）和钟摆效应（Pendulum Swings）的主要原因。除此之外，我认为忽视教育的副作用会在某些情况下导致一些干预措施失效,而其实际上原本可能是有效的。总之,忽视教育的副作用会阻碍教育的进步。

　　本书各章的重点如下:第一章探讨了《不让一个孩子掉队》法案的负面影响。第二章以阅读优先计划(Reading First Program)的副作用为例,讨论了为何简单借鉴医学里的随机对照试验不能实现教育的变革。第三章呈现了关于直接教学法有效性的长期争论,揭示了一般的直接教学法①和具体的直接教学法②的消极副作用③。第四章讨论了东亚教育系统的效果和副作用,表明国际测试中的高分数在一定程度上是以牺牲学生的幸福感和创造力为代价的。第五章以可见的学习(Visible Learning)为例,阐释了教育副作用的一个主要来源,即多种多样且有时相互竞争的教育结果。第六章以教师资格和教育券(School Voucher)为例,介绍了教育副作用的另一个主要来源:个体差异。第七章以阅读和数学之战以及教育理念的钟摆效应为例,讨论了不重视教育副作用的后果。最后一章主要是呼吁教育政策制定者、教育研究者和教育需求方重视教育的副作用并采取行动,其中阐明了关注教育的副作用如何能够帮助教育超越百年论战,例如以儿童为中心与以课程为中心的范式之争,本章的最后也为政策制定者、教育研究者、产品开发者和教育需求方(即家长、教师和学校领导者)提出了具体建议。

　　本书有以下几个写作目的。首先,这是对教育政策制定者和教育领导者的呼吁,希望他们在制定和采用教育政策与教育项目时能够开始重

① 这里指小写的直接教学法(direct instruction)——译者注。
② 这里指大写的直接教学法(Direct Instruction)——译者注。
③ 关于小写的直接教学法和大写的直接教学法的区别,详见本书第三章——编辑注。

视潜在的不利影响,他们不应该只看到有效性的证据,而应该同时寻求潜在副作用的证据,以便做出明智的决定。其次,本书也是对教育研究者和教育干预措施开发者的挑战,他们应该同时研究教育的效果和副作用,并将其告知教育需求方,研究副作用也能激励他们不断完善相关的教育干预措施。最后,我希望这本书可以发展成为一份教育需求方指南,为教师、家长和学生提供有关教育副作用的信息。虽然我在本书中提供了一些教育干预措施副作用的证据,但还有许多其他值得关注的教育干预措施的证据未纳入其中。我希望这本书能够提高需求方对教育副作用的认识,包括教育研究项目、教育政策、教学策略、课程、教育技术产品等,这样他们在做出选择和接受选择时就可以参考这些信息。

* * *

今天的美国教育面临着许多不确定性。但有一点是确定的:随着《不让一个孩子掉队》法案在美国各州的实施以及(当时的)新一届美国政府可能采取的任何行动,我们将看到一系列新的教育政策提案。此外,大量的教育产品、项目和服务已经在疯狂争夺家长、学校和教育系统的注意力(与资金)。在做出有关教育政策和产品的决策时,除了关注其积极效果的证据之外,我们还应该同时关注其不利影响。

第一章
当风险大于收益时
《不让一个孩子掉队》法案的有效性、效果和副作用

2002年1月,美国时任总统布什在《不让一个孩子掉队》法案的签字仪式上宣布:"这一法案将造福美国儿童。"在支持者和两党领袖的簇拥下,他承诺该法案将开启"美国公共教育的新篇章、新时代"。因此,他宣布:"从今天起,所有的美国学生都将有更好的机会去学习、去超越、去实现他们的梦想。"(Bush, 2002)

布什总统所承诺的美国公共教育的新时代已成为过去时。正如所预想的那样,这是一个大动荡时代,一个教育在各个层面——从教室到美国州政府和联邦政府——都发生了巨大的颠覆和变革的时代。这些变革影响了美国教育内外的每一个人,包括学生、教师、学校管理者、学校董事会、州政府、教材出版商、考试公司,乃至普通公众。《不让一个孩子掉队》法案极大改变了美国教育,以至于美国弗吉尼亚大学公共政策与经济学教授托马斯·迪(Thomas Dee)和美国密歇根大学政策与经济学教授布莱恩·雅各布(Brian Jacob)认为它"可以说是美国过去四十年里影响最深远的教育政策举措"(2010, p.149)。

《不让一个孩子掉队》法案所设想的变革并未产生预想的效果。相反,随之而来的是一系列副作用。这些副作用通常被认为是意料之外的

后果;事实上,它们的确并非有意为之的结果。但如果开展了有关教育干预副作用的研究,或许这些副作用就可以被避免。如果(当时的)美国国会和布什政府能像我们今天一样了解《不让一个孩子掉队》法案给美国教育造成的伤害,他们可能或至少应该重新斟酌这项法案。

诊断和药方

《不让一个孩子掉队》法案原本是致力于解决长期困扰美国社会和美国教育界的教育成就差距悬殊之问题(Harris & Herrington, 2006; Hess, 2011; Hess & Rotherham, 2007; Ladson-Billings, 2006; Paige & Whitty, 2010; Reardon, 2011; U. S. Department of Education, 2002a; Zhao, 2016b)。尽管人们对于教育成就差距(Achievement Gap)这一概念是否能准确表达美国教育问题仍存在争议(Jones, 2013; Ladson-Billings, 2006,2007; Royal, 2012),但这一概念已深入人心,被用于描述来自优越背景和弱势背景的学生之间持续存在的教育成就鸿沟。虽然这种鸿沟的产生并非出于学生自身的原因,但是他们中的一些人就是无法取得优于他人的教育成就。

症状

教育成就差距的症状包括因种族背景和家庭收入的差异而造成的学生在数学和阅读成绩上的持续性差距(The Annie E. Casey Foundation, 2010, 2013; M. J. Bailey & Dynaski, 2011; Duncan & Murnane, 2011; Ford & Grantham, 2003; Fryer & Levitt, 2004;

Plucker, Burroughs, & Song, 2010；Plucker, Hardesty, & Burroughs, 2013；Reardon, 2011）。例如，美国国家教育进展评估（National Assessment of Educational Progress, NAEP)持续报告过黑人和西班牙裔学生的成绩明显低于他们的白人同学（National Center for Education Statistics, 2012）。这种差距也体现在其他形式的标准化测试之中，如美国大学入学考试（SAT）。布鲁金斯学会（Brookings Institute）的一项研究发现，黑人学生和拉美裔学生在 2015 年的 SAT 测试中的平均成绩分别为 428 分和 457 分，远远低于白人学生和亚裔学生的平均成绩——534 分和 598 分（Reeves & Halikias, 2017）。类似的差距在美国高中毕业率和辍学率（National Center for Education Statistics, 2017）以及大学入学率和毕业率（Ginder, Kelly-Reid, & Mann, 2017）中也有所体现。

> 教育成就差距是美国最严重的社会问题之一……因此，缩小差距既是一个道德使命，也是一项经济任务。

教育成就差距是美国最严重的社会问题之一，它涉及社会正义和公民权利（Ladson-Billings, 2006；Paige & Whitty, 2010），其不仅在道德上是不可接受的，也有悖于美国人人机会均等的理想（Arrow, Bowles, & Durlauf, 2000；Darling-Hammond, 2010；Ladson-Billings, 2006）。

此外，这也是一个经济问题，因为教育成就差距会带来严重的社会和经济后果（The Annie E. Casey Foundation, 2010, 2013；Darling-Hammond, 2010；Espenshade & Radford, 2009；Jencks & Phillips, 1998；McKinsey & Company, 2009；Plucker et al., 2010；Plucker et al., 2013）。因此，缩小差距既是一个道德使命，也是一项经济任务。这

一努力旨在消除美国教育中的不平等现象,促进经济的繁荣发展,并且增强国家竞争力。

诊断原因

针对这一顽疾,学界有不同的诊断。造成教育成就差距的原因错综复杂(Hess & Petrilli, 2004)。社会和经济不平等被认为是主要原因之一(Berliner, 2006; Koreman & Winship, 2000)。即使先抛开种族和民族差异不谈,贫困儿童的学习表现也比富裕的同龄儿童差(Crane, 1996; Tate, 1997)。种族主义和种族隔离的历史是另一个主要原因(Jones, 2013; Ladson-Billings, 2006; Valencia, 2012, 2015)。当然,学校也是一个重要的因素。与富裕的郊区学校相比,贫困儿童和少数民族儿童就读学校的教育资源更加匮乏,其面临的教育环境也更具挑战性(Darling-Hammond, 2010; Valencia, 2015)。

> 《不让一个孩子掉队》法案认为主要原因在于学校员工,而没有关注到物质资源和社会文化资本。

以上所有的诊断都是有效的,可《不让一个孩子掉队》法案却对其作出了狭隘而简单化的归因。该法案认为,学校是造成教育成就差距的主要原因。更准确地说,《不让一个孩子掉队》法案认为主要原因在于学校员工,而没有关注到物质资源和社会文化资本。根据该法案的诊断,是教师和学校管理者的失职造成了教育成就差距。相较于学生成绩优异的学校,学生成绩较差的学校雇用的教师和学校管理者资质更差,对学生的期望更低,并且也未使用科学的教学方法。此外,这些低水平的教师和学校管理者可能并不愿意像他们的同行一样努力提高学生的成绩。

教育效果的辩证

处方:《不让一个孩子掉队》法案

基于这一诊断,《不让一个孩子掉队》法案提出了改善教育成就差距的处方,其包含如下四个主要成分。第一个成分是基于考试的问责制(No Child Left Behind Act, 2002)。时任美国总统布什(2002)提出:"法案的首要原则是问责制。作为对联邦资助的回报,我们要求各州制定相应的问责制,向家长和教师展示孩子们是否能在三年级到八年级掌握读写和加减法。"该法案要求美国各州对所有小学生进行数学和阅读能力测试,并公布测试结果,以便让学校和教师承担相应的责任。显而易见的是,这一成分是为了对症治疗"教师不想提高学生成绩"这一点。

《不让一个孩子掉队》法案中提出的问责制不只要求各州组织标准化测试并公布测试结果。为了解决教育成就差距的问题,该法案还要求各州根据学生的特征,如种族/民族、英语能力、残疾(特殊教育)、移民和贫困(提供免费和折扣午餐),对他们的考试结果进行细分。学校必须证明他们帮助各类学生在标准化的数学和阅读考试中取得了足够的学年成绩进步(Adequate Yearly Progress, AYP)。否则,这些学校将面临处罚。这可能包括更换校长和重组教职工,关闭学校并将其重新开放为特许学校,由美国州政府接管或进行其他重大的管理结构调整。

第二个成分是择校(No Child Left Behind Act, 2002)。《不让一个孩子掉队》法案为家长提供了择校的权利。当他们认为自己孩子就读的学校需要改进时,他们可以选择其他的公立学校或者选择免费的私人补习。2002年,时任美国总统布什在该法案的签字仪式上说道:"(面对)任何一所表现不佳的学校、任何一所低于平均水平且不能做好本职工作的学校,家长都会拥有这些选项——选择一所更好的公立学校、一名家庭教师或者一所特许学校。我们不希望孩子们被困在既无力改变、也不会教学的学校里。"择校计划旨在增加家长的选择，更重要的是给公立学校施加压力。

第三个成分是所谓的基于科学证据的项目（No Child Left Behind Act, 2002）。诚如本书其他章节所讨论的，《不让一个孩子掉队》法案投入了大量资源来确定和传播经科学证明有效的教学模式和策略。我将在第二章讨论的阅读优先计划正代表了《不让一个孩子掉队》法案的核心思想。如美国时任总统布什（2002）所述：

> 我们将投入更多的钱和更多的资源用于那些行之有效的方法。这不是感觉不错的方法，也不是听起来不错的方法，而是真正有效的方法。尤其是在阅读方面……我们已经花费了数十亿美元，结果却很糟糕。所以，现在是时候为取得好的结果再投资数十亿美元了。

第四个成分是"优质教师"。《不让一个孩子掉队》法案要求美国各州为所有课堂中的所有学生配备"一位优质教师"。"优质教师"的首要条件是拥有学士学位和教师执照，并且能证明自己足够了解所教授的科目。各州必须衡量在何种程度上，所有的学生，尤其是那些少数族裔学生和弱势学生，都可以享受优质教师的授课。美国各州必须制定教育目标和计划来确保所有教师的质量，还必须对外公布其在实现教师质量目标方面的计划和进展（No Child Left Behind Act, 2002）。这一成分的目的在于解决表现不佳的学校中存在的低水平师资问题。

此外，《不让一个孩子掉队》法案大幅增加了美国联邦教育支出，并将联邦资金与问责措施挂钩。这项法案在美国国会赢得了两党的支持，因为它解决了双方都关心的问题。在最初签署时，该法案也得到了公众的强烈支持（Loveless，2006b）。例如，2002 年 9 月发布的第 34 届年度 Phi Delta Kappa/Gallup 民意调查发现，67％的人表示他们支持对三至八年级学生进行年度测试以追踪学生的发展，这是《不让一个孩子掉队》法案的主要组成部分之一（Rose & Gallup，2002）。

《不让一个孩子掉队》法案的效果和有效性

2014 年，美国全国公共广播电台（NPR）的首席教育博主安雅·卡梅涅茨（Anya Kamenetz）检查了《不让一个孩子掉队》法案的重要目标之一，即在 2013—2014 学年之前，让所有学生通过提高阅读和数学能力来达到高水平的学术标准（No Child Left Behind Act，2002）。随后她问道："现在已经是 2014 年，按照法案的预期，所有的孩子都应该在数学和阅读上达到精通水平了（事实却并非如此）。到底发生了什么事？"事实上，不用等到 2014 年，人们就已经意识到这是一个不可能实现的目标。在该法案刚签署不久的 2002 年，美国科罗拉多大学教授兼评估专家罗伯特·林恩（Robert Linn）和他的同事（Linn，Baker，& Betebenner，2002）便指出，如果美国各州真的采用如此雄心勃勃的考试政策与学业表现评价标准，势必无法实现预期目标。

林恩和他的同事提出的观点对于我们理解"在什么程度上达成目标"是至关重要的，因为《不让一个孩子掉队》法案让美国各州自行决定"精通"的标准。例如，一个州可以决定，在三年级时能够识别所有 26 个英文字母就代表阅读能力强。因此，它可以设计一个考试来评估三年级学生识别 26 个英文字母的能力。然后,它可以设定 50 分为"精通"的水平线(100 分为满分)。如果一个学生答对了一半或一半以上的题目,就可以被认为精通阅读。因此,除非设置的标准很高、考试过程严格、分数评价合理,否则学生很容易就可以达到"精通"的程度。鉴于该法案颁布时期,经常有报道指出美国各州降低标准和及格分数,并对精通程度作出不同定义(Kamenetz, 2014; Nichols & Berliner, 2007),所以衡量精通程度最可靠的方法还是参考美国国家教育进展评估(NAEP),他们会提供国家成绩报告单(The Nation's Report Card),从 2015 年国家成绩报告单的结果来看(NAEP, 2015),该法案的目标还远未实现。

如图 1.1 所示,2015 年美国国家教育进展评估报告显示,所有学生中阅读达到或超过精通水平的学生比例按年级来看,四年级为 36%,八年级为 34%,十二年级为 37%。如图 1.2 所示,数学成绩的情况也不容乐观,四年级学生中数学达到或超过精通水平的比例为 40%,八年级为 33%,十二年级为 25%。在《不让一个孩子掉队》法案执行截止一年后的 2015 年,四年级和八年级学生数学和阅读达到或超过精通水平的学生比例远远低于 100% 的既定目标,即使对于成绩最好的亚裔学生来说也是如此。

超过一半的儿童掉队了。

直到 2015 年,种族/民族群体之间的差距仍然很大。如图 1.1 和 1.2 所示,四年级黑人学生在阅读成绩上的达标率比白人学生低了 28%,数学成绩的达标率低了 32%。这种差距也体现在八年级的黑人学生与白人学生之间,他们的阅读成绩达标率差距为 28%,而数学成绩达标率差距为 30%。在十二年级,黑人学生与白人学生在阅读成绩上的达标率差距为 29%,而在数学成绩上的达标率差距为 25%。类似的

教育效果的辩证

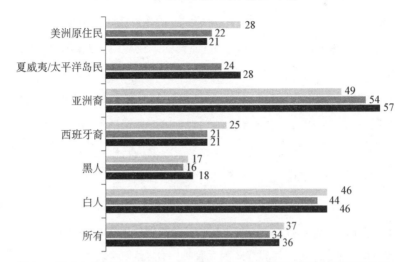

图 1.1　2015 年美国国家教育进展评估报告中阅读达到或超过精通水平的学生比例

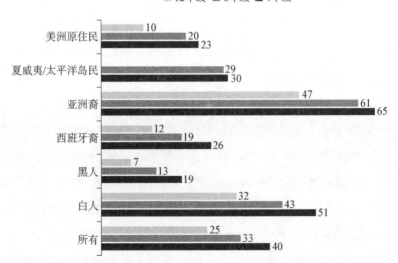

图 1.2　2015 年美国国家教育进展评估报告中数学达到或超过精通水平的学生比例

情况也存在于西班牙裔学生和白人学生之间、美洲原住民学生和白人学生之间，以及夏威夷/太平洋岛民和白人学生之间。根据 2015 年的评估报告，唯一例外的是亚裔学生，他们的学业成绩一直优于其他族裔学生。

事实上，该报告结果和 2013 年美国国家教育进展评估报告的结果（NAEP，2015）以及往年的美国国家教育进展评估结果都很类似。

从四年级、八年级和十二年级数学与阅读达到或超过精通水平的学生比例较低这一事实来看，《不让一个孩子掉队》法案的承诺并没有实现。超过一半的儿童掉队了。从黑人学生和白人学生、西班牙裔学生和白人学生、美洲原住民学生和白人学生之间的巨大差距来看，教育成就差距依然存在。这一问题持续困扰着美国社会。

当然，让所有学生都能达到精通水平可以被视为是"政治口号"。毕竟，政治家不可能在提出法案时声称只能实现一部分学生的教育成就。即使有 99% 的学生能达到精通水平，政客也可能遭受质疑，因为他们不得不回答哪 1% 的学生可能难以达到精通水平。由此来看，仅仅因为该法案没有让 100% 的学生达到精通水平的目标而将其视为一种无效的"疗法"，似乎有些不公平。

可能更为合理和公平的方法是评估《不让一个孩子掉队》法案在实现其预期效果方面的有效性。由于该法案不是一项随机对照试验，而是一个全面的政策，因此不可能得出毫无争议的因果关系结论。考虑到这一点，学界采用了更复杂、精细的方法来考查该法案在提高学生阅读和数学能力方面的影响。

托马斯·迪伊（Thomas Dee）和布莱恩·雅各布（Brain Jacob）在

2010 年和 2011 年进行了一系列极具影响力的高质量研究，并发现了支持《不让一个孩子掉队》法案有效性的证据。为了检测该法案的因果效应，他们参考了一个事实因素，即一些美国联邦州在该法案之前就实施了问责制度，而其他州没有。因此，他们将那些引入了自身问责制度的联邦州作为对照组，而将没有引入自身问责制度的联邦州作为实验组。他们使用中断时间序列①模型来测算美国国家教育进展评估报告中分数趋势的变化。

迪伊和雅各布得出的结论是，《不让一个孩子掉队》法案促使四年级学生在数学成绩上有适度的、具有统计显著性的提升；而对八年级的学生来说，他们的成绩有适度的、但不具有统计显著性的提升；同时，这两个年级的学生在阅读成绩方面没有任何变化。他们还发现，对于分数垫底的学生群体来说，其影响是最为显著的；且该法案对四年级黑人学生的数学成绩有较大的积极影响，对四年级和八年级的西班牙裔和低收入家庭的学生（成绩）也有积极影响（Dee & Jacob, 2010, 2011）。

杜克大学的公共政策名誉教授海伦·莱德（Helen Ladd）对上述发现提出质疑。她认为该法案的积极影响被夸大了，因为在《不让一个孩子掉队》法案颁布后的第一年，也就是在 2003 年，四年级学生的数学成绩就已经取得了最大的进步。莱德（2017）认为这些积极影响并不能归功于该法案："执行一个新项目会遇到种种挑战，同时教育是一个长期积累的过程，而四年级学生的成绩部分依赖于其在前一学年的学习情况。由此来看，2003 年的学业成就并不能被视为《不让一个孩子掉队》法案

---

① 在中断时间序列研究中，研究者会在干预之前和之后的多个时间点收集数据，以检测干预是否比任何潜在的长期趋势有更显著的影响——译者注。

的成果。"(p.463)抛开 2003 年的成绩不看,该法案对四年级学生数学成绩的影响就变得不显著了。

此外,莱德对《不让一个孩子掉队》法案实施后期,美国国家教育进展评估成绩增长缓慢的归因提出了质疑。一方面,美国国家教育进展评估发现,在《不让一个孩子掉队》法案实施后,四年级和八年级学生的数学成绩有所提高,但这一趋势在 2015 年停止了;另一方面,在该法案颁布后的几年时间里,学生的阅读成绩迅速下降,随后得到回升。莱德认为:"这些趋势并不能支持该法案的实施能够提高考试成绩这一假设。"她断言这种增长实则延续了"20 世纪 90 年代开始的学习增长趋势"(p.462)。

《不让一个孩子掉队》法案还设定了其他目标。但总的来说,这些目标都没有实现。尽管高中毕业率有所提升,但是 2012—2013 学年的高中总毕业率为 81%,远低于该法案原本设置的目标——所有学生都将从高中毕业。白人学生的毕业率仍远远高于黑人学生、西班牙裔学生以及美洲原住民学生。低收入学生、英语水平有限的学生和残疾学生的毕业率仍远低于美国的全国平均水平(Bidwell, 2015)。

我们可以合理地得出如下结论:《不让一个孩子掉队》法案未能有效地实现提升学生成绩的预期目标。目前,没有确凿的证据表明这一法案提高了阅读或数学成绩,也没有证据证明它缩小了成绩差距,更没有令人信服的证据说明它促进了高中毕业率的上升。

《不让一个孩子掉队》法案的副作用

虽然《不让一个孩子掉队》法案以基于考试的问责制、择校、优质教师和基于科学证据的实践为基础，并未能有效地实现其预期目标，但它确实也产生了显著的影响。这些显著的影响对数百万儿童、教师以及美国公共教育产生了负面作用。这些副作用可以从学生、教师、学校和文化四个方面出发去考虑。但同样，由于教育政策制定和研究都缺少对教育副作用的关注，所以我们没有确凿的证据表明《不让一个孩子掉队》法案造成了这些损害。然而，在该法案长达十年的执行过程中，积累的相关证据确实有力地证明了这项法案产生了负面影响，甚至其中一些影响实际上正是该法案意图所指的。

对学生的副作用：拒绝真正的教育

《不让一个孩子掉队》法案本应为所有儿童提供高质量的教育，但它却给所有儿童，尤其是那些弱势儿童带来了相当糟糕的教育体验。由于该法案将教育窄化为阅读和数学教学，这严重限制并扭曲了学生的教育体验。这种限制体现在多个方面：重新分配时间（课程缩减）、应试教学、剥夺一些学生的学习机会（注意力分配不均）、增加焦虑以及错失机会。

> 《不让一个孩子掉队》法案……导致了相当糟糕的教育体验……尤其是对于弱势儿童。

课程缩减。人们广泛观察到，该法案实际上只关心阅读和数学。这极大地影响了经费支持并强化了基于考试的问责制，进而导致其他科目和教育活动的时间与资源大幅减少（Dee & Jacob, 2010; Jennings & Rentner, 2006; Ladd, 2017; McMurrer, 2007; Tienken & Zhao, 2013）。大家越是重视提高读写和算术考试成绩，学校就不得不将更多的课时分配给数学和阅读。但是时间是一个常量。一旦阅读的课时增加,就意味着其他科目的课时会相应减少。因此,减少非考试科目的课时成为一种常见的做法。尤其对那些为弱势学生创建的学校而言,其课时调整远远超过那些为优势学生创建的学校(Tienken & Zhao, 2013)。

杰克·詹宁斯(Jack Jennings)是美国华盛顿特区教育政策中心的主席。作为一个智库,该中心一直跟踪着《不让一个孩子掉队》法案的实施情况。杰克与其同事黛安·伦特纳(Diane Rentner)在2016年针对阅读和数学课时再分配做了研究。他们指出:

> 《不让一个孩子掉队》法案要求学生参加阅读和数学的考试并将其结果纳入问责之中。为了找到额外的时间来学习这两个科目,71%的美国学区正在某种程度上削减小学其他科目的课时。受课时削减影响最大的为社会学科,而体育课受到的影响最小。60%的学区要求小学要设置一定的阅读时间。其中,极度贫困区域中有97%的学区有此要求,而该占比在贫困水平较低的区域仅为55%—59%。(pp. 110-111)

《不让一个孩子掉队》法案的预期效果之一似乎是在数学和阅读上投入更多的时间。因此,从某种意义上来说,基于考试的问责制有效地改变了学校的做法。但是这种改变并没有如预期般带来阅读和数学能力的提升。相反,它削弱了"学校培养学生其他有价值能力的潜力,如民主的能力或个人成就感"(Ladd, 2017)。它还可能剥夺学生探索自身兴趣和激情并且找到相关学校的机会,从而导致学生与学校之间日益脱节。这对弱势学生的伤害尤其大,因为他们难以像富裕家庭的学生那样拥有诸多家庭和社区资源,无法在校外获得多样化的经历以及接触其他学科的机会。

应试教学。《不让一个孩子掉队》法案非常"有效地"将教学变成了应试（Ravitch, 2013）。它不仅迫使学校从其他科目中抽出时间来准备阅读和数学考试，还迫使学校和教师只关注数学和阅读领域的内容与技能（Ginsberg & Kingston, 2014；Jennings & Bearak, 2014；Reback, Rockoff, & Schwartz, 2010）。换句话说，学生甚至没有机会去学到更多，甚至是更为重要的数学和阅读知识。此外，《不让一个孩子掉队》法案向学校和教师施压，不仅要求他们开展应试教学，还要求他们花时间教学生如何应试。"应试教学的（成效）证据源于美国各州所使用的特定高利害考试（作为其问责制的一部分）中的学生成绩与美国国家教育进展评估中的学生成绩之间的比较差异。后者没有受到应试教学的问题影响。"（Ladd, 2017）

> 《不让一个孩子掉队》法案非常"有效地"将教学变成了应试。

应试教学更多地发生在弱势儿童身上。例如，一项研究发现，针对英语学习者的课程更注重考试内容和策略（Menken, 2006）。美国哥伦比亚大学经济学教授兰德尔·里巴克（Randall Reback）及其同事使用纵向数据研究了《不让一个孩子掉队》法案对学校服务和学生成绩的影响。他们发现，通常是在那些更弱势的学生群体聚集的学校中，教师在应试准备上花费了更多的时间，并承受着巨大的短期压力，以期达到《不让一个孩子掉队》法案的要求。但这些应试策略对学生成绩既没有积极的影响，也没有消极的影响（Reback et al., 2010）。

注意力分配不均。《不让一个孩子掉队》法案还"有效地"引导教师关注特定学生群体。研究发现，问责制的压力导致教师只关心那部分最有可能帮助班级达到学年成绩进步目标的学生（Ladd & Lauen, 2010；

Neal & Schanzenbach, 2010)。法案也鼓励学校将教育资源集中在边缘学生身上，而不是那些能力较高/较低的学生身上（Krieg, 2008）。结果，成绩好的和成绩差的学生都被忽视了。这种情况在面临法案处罚风险的学校中更为普遍。

甚至，有一些注意力分配不均的情况更为严重。有大量研究报告表明，一些学校刻意地将那些在规定的考试中可能得分不高的学生拒之门外（Nichols & Berliner, 2007）。这些作者发现，"有相当多的证据表明，一些教育工作者通过采取一些非常规的做法进而在其所在学校或学区形成考试池（Test-Taking Pool），如把学生从考试名单中删除。还有一些教育工作者故意打击学生士气，导致他们放弃学习"（p. 57）。例如，埃尔帕索学校的前任校长洛伦佐·加西亚（Lorenzo Garcia）禁止近一半达到十年级学业标准的学生参加升学考试，而让他们留在九年级或者强迫他们进入十一年级（Sanchez, 2013）。因此，高风险的考试剥夺了最脆弱的和弱势的学生享有充实生活并创造个人成就感的机会（Nichols & Berliner, 2007, p. 57）。

增加焦虑。《不让一个孩子掉队》法案的另一个副作用在于增加了学生情绪上的压力和焦虑。2011 年，一名五年级特殊教育学生在《华盛顿邮报》上说明了《不让一个孩子掉队》法案如何引起了压力和焦虑。

> 考试给学生、教师和家长带来了很大的压力。《不让一个孩子掉队》法案意图缓解考试带来的压力，并且假设学生为考试准备得越多，他们的焦虑就会越少。但实际上，这只会让学生们坚信，这次考试对未来意义重大，因为老师、校长和家长都在忙着帮助学生准备考试。并且，考试结果亦会用于问责。为

此，学生会认为如果自己考得不好，他们就会让所有人失望。最终，这种对每个人造成的压力会导致学生变得相当情绪化和焦虑，以至于他们甚至无法正常地为自己担心的考试做准备。

(Strauss, 2011)

这位五年级学生（对自身情绪）的观察和解释得到了学术研究的证实(Cizek & Burg, 2006)。美国密歇根州立大学的研究团队通过实证研究探讨了《不让一个孩子掉队》法案对学生情绪的影响。他们发现，学生在面对法案里规定的高利害考试时，其总体的考试焦虑程度要比面对课堂测试时高得多。他们还发现，学生在高利害考试中经历了更多认知和心理上的考试焦虑(Segool, Carlson, Goforth, Von Der Embse, & Barterian, 2013)。这项研究清楚地表明，学生在面对法案规定的考试时产生了更强烈的焦虑感。

> 研究者发现，学生在面对《不让一个孩子掉队》法案里规定的高利害考试时，其总体的考试焦虑程度要比面对课堂测试时高得多。

机会成本。《不让一个孩子掉队》法案对学生的另一个副作用是失去了可能更好的选择。也就是说，学生们本可以有更好的学习体验，其可能优于《不让一个孩子掉队》法案所设计的。由于他们的阅读和数学水平并没有得到提升，那么很可能存在更有效的干预措施。此外，《不让一个孩子掉队》法案使数以百万计的孩子失去了接受更好教育的机会，即那些可能真正适合他们的教育。《不让一个机会孩子掉队》法案的执行类似于给病人使用了错误的药物。它的无效性造成了损害，并因此产生了不利的副作用。

对教育工作者的副作用：无用的改变

《不让一个孩子掉队》法案对教育工作者产生了重大影响，导致了一系列变化，但是这些变化并没有给学生带来积极的影响。其中一些变化对教师来说是积极的，例如一项研究发现，《不让一个孩子掉队》法案会提高教师的薪酬水平（Dee & Jacob, 2010）。而其他的一些变化对教师来说可能是负担。例如，该法案似乎提高了拥有硕士学位的教师数量。鉴于获得硕士学位需要教师付出一定的努力，因此有理由认为这给教师带来了负担（Dee & Jacob, 2010）。在法案后期，教师也承受了更大的压力和更长的工作时间（Reback et al., 2011）。同时期，教师间的合作减少了，但是教师报告称自己从管理者那里得到了更多支持（Grissom, Nicholson-Crotty, & Harrington, 2014）。《不让一个孩子掉队》法案对教师工作满意度的影响程度一直是备受争议的。尽管坊间证据和媒体报道显示，教师工作压力较大并且工作安全感和满意度较低，但美国全国实证调查的数据表明该法案对教师工作满意度影响不大（Grissom et al., 2014）。

> 数以百万计的孩子……受到《不让一个孩子掉队》法案的影响，失去了接受更好教育的机会。

然而，有一项证据特别值得考虑。《不让一个孩子掉队》法案将教师置于"不堪重负的境地，在这样的环境中，压力会迫使教师做出错误行为"（Nichols & Berliner, 2007, p.34）。标准化考试中盛行的作弊行为就是其中之一。近些年出现了不少学校管理者和教师参与舞弊的案例（Toppo, Amos, Gillum, & Upton, 2011），包括臭名昭著的亚特兰大公立学校事件（Vogell, 2011；Zhao, 2014）。舞弊的确切规模难以量化，但一些调查发现大约10%的教师和管理者承认参与过某种形式的作弊或

帮助学生获得更好的考试成绩(Nichols &
Berliner, 2007)。

对美国教育文化的副作用

《不让一个孩子掉队》法案对美国的教育造成了长期的损害,尤其体现在制度安排、教育信仰和文化价值观上。因此,即使该法案被取代了,这些损害(的影响)也并没有结束。在未来很长一段时间内,它们将继续影响美国的教育。

狭隘的教育和学校的教育观。《不让一个孩子掉队》法案提倡了一种极其狭隘的教育观,要求学校只关注数学和阅读。事实上,(该法案的)焦点甚至不在数学和阅读上,而是在提高数学和阅读的考试分数上,对那些成绩较差的学生而言尤为如此。这种观念造成了对其他科目的忽视,更重要的是贬低了教育和学校教育的整体目标(Hess, 2011; Ladd, 2017; Ravitch, 2013)。在此观念下,有谁会相信考试的范围应该比阅读和数学的基础技能更广呢(Dewey, 1975; Labaree, 1997)? 这种观念已然欺骗了数百万学生(Hess, 2011)。这已经够糟糕的了,但它的长期危害更为严重。由于该法案的施行已经长达十多年并且数十亿美元的联邦资金投入其中,这种狭隘的教育观已经深入美国人的教育心理之中。即便人们不一定认同这一狭隘的观点,但在美国的新闻媒体、学校报告和集体意识中,阅读和数学的分数常被认为等同于教育质量。(当时)新的联邦教育法《让每一个学生成功》法案(*Every Student Succeeds Act*, ESSA)延续了这种教育观。在未来很长一段时间里,这可能会影响美国人在政策和实践上做出的教育决策。

对考试和标准的痴迷。《不让一个孩子掉队》法案对基于高利害考试的问责制的依赖导致了对考试和标准的病态迷恋。在美国,学校用于考试的时间和资金都大幅增加。它也见证了高利害考试的后果(Nichols & Berliner, 2007)。越来越多的证据表明,基于考试的问责制并不能改善教育(Hout & Elliott, 2011)。然而,美国的政策制定者仍然痴迷于标准化测试。例如,取代《不让一个孩子掉队》的新法案仍然要求学校进行几乎相同水平的测试。

> 取代《不让一个孩子掉队》的新法案仍然要求学校进行几乎相同水平的测试。

特许学校的兴起和私有化。《不让一个孩子掉队》法案进一步推动了特许学校的扩张并强化了家长择校的动力。该法案强制关闭那些未能达到学年考试进步的学校,并允许家长为孩子择校。这两项措施都促成了美国公立学校的市场化(Ravitch, 2013)。

美国斯坦福大学的琳达·达琳-哈曼德教授(Linda Darling-Hammond)在2015年关于学校停课对学生和社区影响的国会论坛上表示:"《不让一个孩子掉队》法案导致了美国全国范围内大规模的学校关闭,因为它要求学校按考试分数排名。"达琳-哈曼德教授认为,关闭公立学校对学生的表现产生了负面影响。这也给已经苦苦挣扎于资金减少的社区造成了困难。此外,一个公民权利组织"进步项目"的高级项目联合主管朱迪斯·布朗-迪安尼斯(Judith Brown-Dianis)在同一论坛上表示,"学校关闭并不是个案,而是一场走向私有化的运动"(Rosales, 2015)。

乔治·W·布什政府的前教育部助理部长、教育史学家戴安·拉维奇(Diane Ravitch)在2015年写道:"如果严格按照

> 关闭公立学校……也给已经苦苦挣扎于资金减少的社区造成了困难。

法案来执行,现在几乎所有公立学校都将被关闭或移交给私人管理。"

拉维奇曾是基于考试的问责制议程中最坚定的支持者之一。在看到《不让一个孩子掉队》法案对公立学校的破坏后,她改变了对考试的看法(Ravitch, 2010),并开始揭露"私有化运动的骗局及其对美国公立学校的危害"(Ravitch, 2013)。拉维奇认为,私有化并没有缩小教育成就差距,也没有提高美国教育的整体质量。但是,《不让一个孩子掉队》法案的结束并没有终结对私有化的推动,特朗普政府极力推行的教育券足以证明这一点(McLaren & Brown, 2017)。

扼杀创新。《不让一个孩子掉队》法案还扼杀了教育创新(Hess, 2011)。该法案注重科学证据,以最狭隘的教育结果为目标寻找并支持那些在过往被视为"有效"的方法和实践,如考试分数,而不顾其副作用。因此,《不让一个孩子掉队》法案没有投资那些旨在实现其他重要教育结果(如公民责任感)的教育干预措施的研究和开发,而是积极阻止了这些措施的发展。该法案完全忽视了已被认为是"未来世界必需品"的人类能力,如全球竞争力、创造力和创业思维等(Wagner, 2008,2012;Zhao, 2012b)。

《不让一个孩子掉队》法案让美国教育在创新发展上耽误了十余年的时间。在21世纪的前十年里,我们见证了信息技术、交通、医学以及农业等很多领域的突破性发展。然而,教育却停滞不前,依旧停留在过去。创新的缺乏将使美国在未来付出沉重的代价。

小结

总之,《不让一个孩子掉队》法案是一场彻底的灾难。即使以其最狭隘的定义为评价基准,即缩小弱势儿童与其他更有优势的同龄人之间阅读和数学考试成绩的差距,它也未能达到预期的成果。但这项法案却切实地对学生、教育工作者、教育机构以及教育文化产生了不利影响。即便是存在消除这些不利影响的可能性,也需要等上很多年。美国企业研究所(American Enterprise Institute)的弗雷德里克·赫斯(Frederick Hess)在 2011 年的《国家事务》(*National Affairs*)杂志上撰文讨论了这种不利影响。

事实是,在对"成就差距"的狂热追求下,这项教育政策导致许多儿童所接受的教育被"偷工减料"。它不仅使得学校教育狭隘化,还掏空了公众对学校改革的支持,扼杀了教育创新,并且扭曲了我们对教育选择、问责制和改革的看法。

> 《不让一个孩子掉队》法案……切实地对学生、教育工作者、教育机构以及教育文化产生了不利影响。

为什么该法案未能有效地达到预期的效果,答案相当简单:它对成就差距的原因诊断是错误的。实际上,造成教育成就差距的主要原因是贫穷、种族隔离、种族歧视以及缺乏对弱势学生的教育投资等,而不是法案认为的"学校聘任了那些不愿意也无法教好孩子的教育工作者"。正是这种错误的诊断导致了无效的干预。

以非常高昂的代价换来的一个积极结果是,我们现在知道了基于考试的问责制是行不通的;并且,如果不考虑教育干预措施的副作用,这样的实证研究是灾难性的。我们还知道了,政策可能产生广泛而长远的副作用。但我们能否利用这一代价高昂的结果并

> 正是因为这种错误的诊断才导致了无效的干预。

从中吸取教训以应对未来，这尚且不得而知。在 2015 年颁布《让每一个学生成功》法案时，美国国会和时任总统奥巴马似乎仍然相信《不让一个孩子掉队》法案提出的"处方"，并认为这会为美国孩子带来更好的教育。

> 如果不认真考虑《不让一个孩子掉队》法案的副作用……时任总统奥巴马将被认为是和前总统乔治·布什一样的骗子。

在签署《让每一个学生成功》法案时，时任总统奥巴马（2015）承认了《不让一个孩子掉队》法案的弊端："该法案并没有考虑到每个社区的具体需求。这导致了课堂上进行了太多的考试。它经常迫使学校和学区进行千篇一律的改革，而这些改革并不总能产生我们希望看到的结果。"但是，他并没有充分认识到这些后果的严重性，也没有考虑到其所引发的副作用，即预期结果导向下《不让一个孩子掉队》法案相关措施的本质。因此，时任总统奥巴马认可了《不让一个孩子掉队》法案所开出的"处方"，并认为："作为《让每一个学生成功》法案的前身，《不让一个孩子掉队》法案的目标是正确的，即追求高标准、采取问责制、缩小教育成就差距。这一目标确保了每一个孩子都在学习，而不仅仅是只有一部分孩子在学习。"因此，时任总统奥巴马满怀信心地在 2015 年做出了承诺，就像前总统布什在 2002 年所说的那样：

> 我们的学校将设立更高的期望。我们相信每个美国孩子都能学习。我们的学校将拥有更多的资源，以帮助其实现这些目标。家长将获得更多关于学校的信息，并在如何教育孩子方面有更多的发言权。从今天起，所有的美国学生都将拥有更好的机会去学习、去超越、去实现他们的梦想。

如果不认真考虑《不让一个孩子掉队》法案的副作用,《让每一个学生成功》法案无疑会产生相似的结果。因此在随后的几年里,时任总统奥巴马将被认为是和前总统乔治·布什一样的骗子,因为他的宣言——"所有的美国学生都将拥有更好的机会去学习、去超越、去实现他们的梦想"将被证明是错误的。

第二章
教育领域错失的医学研究教训
为什么随机对照试验(RCT)不适用于阅读优先计划

 玛格丽特·斯佩林斯(Margaret Spellings)在 2008 年 3 月的一次会议上说道:"如果有一个基于研究、科学和事实的项目,那就是它了。这就像癌症的治疗方法一样。"(Manzo, 2008a)时任美国教育部长谈到了"联邦阅读优先计划"(Reading First Initiative),它是《不让一个孩子掉队》法案的基石(No Child Left Behind Act, 2002)。在 2002 年至 2008 年间,该计划每年提供约十亿美元"以支持美国各州和各学区应用基于科学证据的阅读研究(结果)以及与之一致的、经过验证的教学和评价工具,以确保所有孩子在三年级结束时都能学会阅读"(U. S. Department of Education, 2002b)。

 斯佩林斯的观点很快被证明是错误的。一个月后,她所在的部门发布了一份报告并否认了她的观点。一份由美国国会授权开展的、为期五年并且耗资 3 500 万美元的影响力研究的中期报告显示,"平均来看,在参与研究的 18 个地区中,干预措施对学生阅读理解考试成绩的估计影响在统计学上并不显著"(Gamse, Bloom, Kemple, & Jacob, 2008, p. ix)。时任美国教育科学研究所所长格罗弗·怀特赫斯特(Grover J. Whitehurst)证实了这一点,即"相关干预措施没有对一年级、二年级或三年级学生的阅读理解考试成绩产生统计学上的显著影响"（Glod，2008）。这一发现在 2008 年 11 月发布的最终版研究报告中得到了重申："阅读优先计划对一年级、二年级或三年级学生的阅读理解考试成绩没有产生统计学上的显著影响"（Gamse，Jacob，Horst，Boulay，& Unlu，2008，p. xv）。

阅读优先计划的案例

阅读优先计划并没有像斯佩林斯预期的那样治愈阅读成绩低下的"癌症"。但如果因此就怀疑她信仰的真诚度，那也是错误的。就像美国国会两党议员和前总统布什等许多其他政治领导人一样，她真的被说服了，并认为这些项目是基于坚实的科学证据的。当时，布什时期的美国政府决心把美国教育从黑暗时代拉出来，并将其转变为一个基于科学证据的领域（U. S. Department of Education，2002c）。"基于科学证据的研究"这一短语在《不让一个孩子掉队》法案中出现了 110 次。

> 一项为期五年并且耗资 3 500 万美元的影响力研究发现……阅读优先计划对一年级、二年级或三年级学生的阅读理解考试成绩没有产生统计学上的显著影响。

阅读科学

根据怀特赫斯特的说法，阅读被认为是唯一一个"我们已经拥有大量且具有说服力的研究基础"的领域。这种"大量且

> 阅读优先计划并没有像斯佩林斯预期的那样治愈阅读成绩低下的"癌症"。

具有说服力的研究基础"是由包括瑞德·里昂（Reid Lyon）、路易莎·摩茨（Louisa Moats）、芭芭拉·福尔曼（Barbara Foorman）和克劳德·戈登伯格（Claude Goldenberg）在内的一些美国国内领军的认知科学家和阅读领域的研究者在一次会议上向时任美国总统布什介绍的，而该会议就发生在布什就职后的第二天，即2001年1月21日（Stern, 2008, p.9）。根据索尔·斯特恩（Sol Stern）所说，除了布什总统外，第一夫人劳拉·布什（Laura Bush）和布什的美国国内政策顾问玛格丽特·斯佩林斯（当时名为玛格丽特·拉蒙塔格纳）也出席了该会议。索尔·斯特恩是《太过美好而难以持续：阅读优先计划的真实故事》（*Too Good to Last: The True Story of Reading First*）的作者，其是一份由保守派智库托马斯·福特汉姆研究所（Thomas B. Fordham Institute）赞助、旨在为阅读优先计划辩护而撰写的报告。

显然，这些科学家成功地向布什推销了他们对阅读教学科学的看法，这些观点产生于由美国国会召集的国家阅读小组（National Reading Panel）。美国国家阅读小组成立于1999年，致力于"评价现有研究和证据，以找到教授孩子阅读的最佳方法"[National Institute of Child Health and Human Development (NICHD), 2000a]。这个由14名成员组成的小组大致审查了自1966年以来发表的十万篇阅读研究以及此前发表的另外一万篇阅读研究。从这些研究中，该小组选取了几百项研究来进一步审查和分析（NICHD, 2000a），并在其报告《教儿童阅读：关于阅读的科学研究文献及其对阅读教学影响的循证评估》（*Teaching Children to Read: An Evidence-Based Assessment of the Scientific Research Literature on Reading and Its Implications for Reading Instruction*）中提出了自己对阅读科学的看法(NICHD, 2000c)。由于得到了国会的支持,这些想法轻松地被纳入《不让一个孩子掉队》法案之中并成为阅读优先计划的基本要素(Stern, 2008)。

阅读优先计划指出,阅读教学需要明确的指导。该小组认为,通过对相关研究的分析,可以清楚地得知"教授阅读的最佳方法包括:明确的音素意识指导、系统的拼读教学、提高流利度的方法和增强理解力的方法"。因此,阅读优先计划要求所有学校和教师采用阅读课程和材料,重点关注阅读优先计划中定义的阅读教学的五个基本组成部分:音素意识、拼读、词汇、流利度、理解力。

斯佩林斯、布什和所有阅读优先计划的支持者们都相信这是一种以科学和事实为根据的治疗方法。但为什么这种治疗方法没有奏效呢?

腐败与实施

一方面,有人直接指控了腐败问题。美国华盛顿邮报(*Washington Post*)的记者迈克尔·格伦瓦尔德(Michael Grunwald)于 2006 年指出:"阅读优先计划推行已有五年,大量来自报告、访谈和项目文件的证据表明,该计划并不科学,也不严谨。相反,这个流入了数十亿美元却未经论证的试点项目,实际上是由高层人士支持、主导的。"格伦瓦尔德在他的文章《一个教科书式案例:投资于阅读这场内部游戏中的数十亿》(*A Textbook Case: Billions for an Inside Game on Reading*)中详细地描述了这一丑闻,其最终导致了美国教育部负责阅读优先计划的高级官员因徇私和利益冲突而辞职和调任。"美国教育部官员和一小批有影响力的承包商强迫美国各州和地方学区采用一小批未经认证的教科书和阅读方案,其几乎没有经过同行评审研究。"(Grunwald, 2006)2007年,来自美国威斯康星州的民主党议员、时任众议院拨款委员会主席大卫·奥贝(David Obey)在接受美国全国公共广播电台(NPR)的采访时表示,"阅读优先项目正被执行者操纵和撕毁"(Abramson, 2007)。在2007年的一次美国国会听证会上,来自加利福尼亚州的国会议员、时任美国教育和劳工委员会主席乔治·米勒(George Miller)将阅读优先计划的运作称为"集团犯罪"(Mismanagement and Conflicts of Interest in the Reading First Program, 2007)。

另一方面,相反的指控也是存在的。阅读优先计划的支持者将腐败丑闻视为对他们的抵制。他们认为,这是由那些站在阅读教育大战另一边的人——全语言阵营,以及反布什的自由派媒体共同策划的。斯特恩写道:"全语言项目的受害供应商痛苦地抱怨说他们的产品不能用阅读优先计划的资金购买。"他还说,"他们在美国教育部监察长办公室(Department of Education's Office of the Inspector General, OIG)找到了一群倾听者,即那些对阅读教学的来龙去脉或阅读优先计划的意图一无所知的人,他们是拘谨且保守的捍卫者"(Stern, 2008, pp.5-6)。

阅读优先计划的倡导者克里斯托弗·多尔蒂(Christopher Doherty)是阅读优先计划的主管,他在丑闻曝光后便辞职了。他是一个英雄,而不是一个恶棍。斯特恩在书中提出,多尔蒂被解雇只是因为他试图"确保阅读优先计划的学校只使用那些被证明是有效的项目,而不使用那些无效的项目"(Stern, 2008, p.5)。这项任务异常艰巨,因为美国国会屈服于"商业教科书出版商、全语言倡导者等其他组织"的压力,放宽了资格标准。国会没有像布什、斯佩林斯和阅读专家里德·里昂(Reid

Lyon)最初设想的那样,坚持严格的标准,要求这些资金只能用于那些经科学研究证实有效的阅读课程,而是让那些"基于"科学研究的项目也有资格获得资助。"这就使得各种荒谬的想法都有可能得到资助;除非,这能像克林顿时代的《卓越阅读法案》(*Reading Excellence Act*)所规定的那样——行政部门官员严格坚守底线,并且警惕项目的真实意图。"(Stern, 2008, p.5)

托马斯·福特汉姆研究所的辩护是在美国国会授权研究的中期报告(Gamse, Bloom, et al., 2008)发布前一个月发表的。该研究是"美国教育部开展的规模最大、最严格的研究之一"(Manzo, 2008b)。所以,福特汉姆一书所描绘的图景是非常积极的。我们无法知道,在看到研究结果显示干预措施没有显著影响后,作者是否会有不同的看法。阅读优先计划的辩护者对丑闻的选择性解释并不能改变利益冲突和管理不善的事实(N. E. Bailey, 2013; Manzo, 2007; Office of Inpector General, 2006),但腐败似乎并未显著影响该计划的实施——促进专注于阅读优先计划所要求的以五个基本组成部分为重点的教学。政府对该计划的影响研究发现:

- 阅读优先计划对一年级和二年级阅读教学中花在五个基本组成部分(音素意识、拼读、词汇、流利度和理解力)上的教学时间产生了积极的、统计学上显著的影响。对一年级学生而言,该影响的标准差为0.33;对二年级学生而言,该影响的标准差为0.46。
- 阅读优先计划对该计划所提倡的多种实践做法产生了积极的、统计学上显著的影响,包括基于科学证据的阅读教学(SBRI)方面的专业发展、全职阅读教练的支持、阅读指导的数量以及为有困难的读者提供的支持(Gamse, Jacob, et al., 2008, p. xv)。

这些发现基本上表明,阅读优先计划所倡导的阅读科学得到了切实实施。因此,阅读优先计划对学生阅读理解能力的影响不显著并不是因为实施不到位,而在于该计划背后的科学性值得推敲,或者可以说,该计划是缺乏科学性的。

有偏见的"科学"

阅读优先计划的倡导者一再鼓吹该计划是基于科学证据的。但是,这门由15人提炼出的"科学"却被质疑失之偏颇,因为并非所有关于阅读的观点都能在这一阅读小组中体现。该小组由美国国立卫生研究院儿童发展与行为处赞助。不出所料,当时的首席执行官里德·里昂(Reid Lyon)是自然拼读教学的忠实支持者,同时也是乔治·布什时期德克萨斯州阅读教育政策和实践的指导者。该小组的大多数成员显然对何为有效的阅读教学方法有先入为主的看法。小组成员乔安妮·亚特文(Joanne Yatvin)博士在2000年代表少数派发表了反对意见,并批评了该小组的工作:

> 从一开始,该小组就根据大多数成员的哲学取向和研究兴趣,选择对这一领域进行狭义的概念化和审查。在1998年春季召开的第一次会议上,该小组迅速决定审查三个领域的研究:字母学、理解力和流利度,从而排除了对语言和文学领域的所有研究。

因此,美国国家阅读小组排除了其他重要的研究领域,如阅读动机、兴趣、阅读和写作(Coles, 2003)。根据美国国家教育协会的说法,"该报告完全忽略了口语发展和阅读动机领域,大概是因为在这些领域没有足够的实验研究"(NEA, 2011)。

美国全国教育协会的推测是正确的,该小组确实对何为科学证据持有预设性的观点。它明确指出:

> 就某一研究主张而言,最高标准的证据就是实验研究,即要在实验研究中表明该干预措施可以做出这样的改变并且影响这样的结果。如果随机实验研究不可行,就会选择准实验研究。准实验研究提供的证据标准虽然没有那么高,但也是可以接受的。这取决于研究设计。(NICHID, 2000b, pp.1-7)

在随机实验研究和准实验研究太少、范围太窄或质量不高的情况下,可以考虑采用相关性或描述性研究,但不能仅根据相关性或描述性研究来确定结论(NICHID, 2000)。因此,通过排除非实验性和非量化的研究,原本的10万多项研究被削减至约500项(Coles, 2003)。

> 美国国家阅读小组排除了……重要的研究领域,如阅读动机、兴趣、阅读和写作……(以及)口语发展。

阅读优先计划背后的科学性显然是有偏见的。它被有选择性地提炼出来以支持一个预设性观点。但美国全民阅读小组和阅读优先计划的倡导者们辩称,他们正在通过坚持把随机实验作为研究的黄金标准,努力将教育转变为一个科学领域。他们认为,教育之所以没有像技术和医学等其他领域那样取得巨大的进步,是因为缺乏严格的科学方法。美国教育部(2002c)在其2002—2007年的战略计划中描述了一幅关于教育的黑暗图景,与之形成鲜明对比的是其他领域的进步:

与医学、农业和工业生产不同，教育领域在很大程度上是建立在意识形态和专业共识的基础上的。因此，它受制于时代浪潮，无法通过运用科学方法、系统收集和使用政策制定中的客观信息来取得累积性进展。

具有讽刺意味的是，事实证明农业和工业也没有考虑到副作用，这对公众和环境健康造成了严重后果。

为了使教育摆脱困境，教育界也试图借鉴其他领域的经验，比如在医学领域，随机临床试验是一种备受吹捧的解决方案，其被认为对医学发展作出了重大贡献。作为循证教育强有力的拥护者，鲍勃·斯拉文（2002）断言，"正是随机临床试验——相较于其他任何一项医学突破——改变了医学"(p. 16)。

> 一种干预措施可能会对系统的某一部分产生积极影响，同时对系统的其他部分造成损害。

随机对照试验（Randomized Controlled Trial，RCT）对医学进步的贡献怎么强调都不为过，但这只是其中的一个方面。RCT 是确保证据质量的工具，以确保证据公正、有效、可靠、可复制和可推广。RCT 有助于确保干预证据的质量，但它不能决定治疗的效果。人体是一个复杂的有机生命系统。因此，一种治疗方法可能对系统的某一部分产生积极影响，同时对系统的其他部分造成损害。人类也是各有差异的。因此，一种治疗方法可以治愈一些人的疾病，但却会对另一些人造成危险的过敏反应。人们的情况也各不相同。因此，在一种情况下积极有效的干预措施可能会在另一种情况下造成损害。现代医学一直对医疗干预的影响采取系统的观点，使

> 美国国家阅读小组和阅读优先计划的支持者只关注那些对非常有限的结果产生影响的因素。

用 RCT 来收集对各种效果产生影响的证据。研究者负责检查对不同结果的影响，并权衡治疗的风险和好处。

但是，美国国家阅读小组和阅读优先计划的支持者只关注那些对非常有限的结果产生影响的因素，而忽略了其他结果，如阅读兴趣、动机以及阅读和写作(Coles, 2003)。阅读优先计划还假设，如果通过了随机实验或准实验的验证，那么该干预措施就可以在所有条件下适用于所有人，并且不会造成任何潜在的危害。这种只关注有限结果并期望干预措施对所有学生都同样有效的心态在教育中很普遍。这解释了为什么阅读优先计划未能展示出对学生的阅读理解有显著影响的证据。

阅读优先计划的有效性：一种猜测

如果我们换一种思维方式，阅读优先计划的成果为未来教育和教育研究提供了惊人的启示。这一影响研究的结果(Gamse, Bloom, et al., 2008; Gamse, Jacob, et al., 2008)完全可以被重新解释，以此表明该计划不仅仅是在浪费金钱和时间。这一计划有其有效和无效之处、起作用和未起作用之处，同时也是有利有弊的。然而，由于这项耗资 3 500 万美元的研究在数据收集和分析中没有应用这种思维方式，因此这里所有的解释都是推测性的。

它治愈了癌症，但并非对所有人都有效。阅读优先计划对某些儿童可能是非常有效的，但其并非对所有参与该计划的儿童都有效。研究结果显示，在对阅读理解分数的影响方面，不同地区和年级之间存在很大差异，"从降低近 30 个标准分数点到增加超过 35 个标准分数点"(Gamse, Jacob, et al., 2008, p.38)。这表明，阅读优先计划对某些地区的学生产生了非常积极的影响,而对其他地区的学生产生了非常消极的影响。另外,对部分学生而言,该计划几乎没有产生任何影响。但该研究并未试图仔细探究为什么这一计划对某些人有帮助,对某些人造成了伤害,而对其他人则没有任何影响。相反,该研究运用旧的思维方式并得出结论:"正式测试表明,对于课堂阅读教学或学生阅读理解而言,无论是按年级来看还是整体看来,这种地区之间的差异都不具有统计学意义,因此不支持地区之间存在系统性差异的假设。"(Gamse, Jacob, et al., 2008, p.38)

它缓解了发热症状,但导致了胃出血。 研究表明,阅读优先计划对一年级学生的解码能力(Decoding Skills)有统计学上显著的积极影响,但对理解能力没有显著影响(Gamse, Jacob, et al., 2008)。这是否说明,阅读优先计划可能就像感冒药一样,可以缓解发热症状,但也可能会导致胃出血,即产生一些益处时,也会造成其他损害。强调解码可能会导致一些学生对阅读失去兴趣。因此我们可以推测该计划导致学生用于解码的时间过多而用于阅读理解的时间不足,进而导致了其对所有学生的理解能力都未产生影响。但由于阅读兴趣和动机没有作为结果被纳入考量,因此无法证实或证伪这些合理的假设。

它帮助消除了斑疹伤寒和疟疾,但毒害了野生动物和环境。 在某些方面,由于阅读优先计划的科学性颇具偏见,它就像有机氯类杀虫剂(DDT)一样,通过杀死在许多国家和地区传播疾病的昆虫来帮助根除斑疹伤寒和疟疾,但这也毒害了其他有益的野生动物和环境。阅读优先计划有助于推广美国国家阅读小组的建议,这使得那些强调显性教学(Explicit Instruction)和聚焦自然拼读法的课程与教学方法得到广泛推广。该阅读小组"对低年级的阅读教学内容和考试内容产生了重大影响"(National Education Association, 2011)。可以毫不夸张地说,阅读优先计划已经改变了早期阅读的环境(J. S. Kim, 2008)。然而,正如1992年至2015年期间美国阅读成绩的趋势所表明的那样,这一变化并不完全是积极的,尽管它带来了一些好处。美国国家教育进步评估(NAEP, 2015)发现,自2000年美国国家阅读小组发布报告以来,四年级学生的全国平均阅读成绩提高了10分,这一进步可以归因于阅读优先计划和美国国家阅读小组带来的变化。但在同一时期,八年级学生的阅读成绩几乎保持不变(NAEP, 2015),而十二年级学生的成绩从1998年到2015年之间略有下降(NAEP, 2015)。值得说明的是,2015年参加测试的八年级和十二年级学生可能已经接触到阅读优先计划中所推崇的教学方法。这是否是阅读优先计划所造成的后果? 阅读优先计划可能给早期的学生带来了一些好处,但实际上却在后来造成了损害? 我们可能永远无法确定这一点,但我们可以推测。

从阅读优先计划中吸取的经验教训

我们可以从阅读优先计划的实验中吸取许多重要的教训。首先,随机对照试验是一项技术贡献。作为一种收集证据的方法,它本身并不能促进教育科学化,它必须与另一种不同的理念相辅相成。其次,这一不同的理念指的是教育领域存在许多有价值的结果,并且学生也是各有不同的。因此,在寻找教育干预措施有效性的证据时,我们必须采取整体性和长期性的观点。我们不仅要关注对预期结果的影响,还应关注对其他结果的影响。我们不仅应考虑对所有学生的影响,还应该

教育效果的辩证

关注在不同情况下对个人的影响。这是我们应该从医学领域中吸取的教训。但是，在当前将教育转变为循证领域的运动中，我们却忽略了这一点。

副作用：错失的医学领域教训

今天，我们能够在了解药物的作用和潜在风险的情况下服用药物，并在做出决定之前考虑有关手术的潜在益处和危险的信息。我们也可以去药房买药，而不用担心会中毒。我们还被告知在服用某些药物时要避免饮酒。这些都是受惠于过去几十年医学领域所取得的变革性进展。这一进展在很大程度上归功于两次重大的制药灾难以及从中吸取的教训。

磺胺酏剂灾难

芭芭拉·马丁（Barbara Martin）在《灵丹妙药：致命药物的美国悲剧》（*Elixir: The American Tragedy of a Deadly Drug*）中写道，"首例死亡病例是两岁的罗伯特·博比·索姆纳（Robert 'Bobbie' Sumner），他于1937年9月30日星期四在他姨妈家去世。博比·索姆纳去世后的第二天，一名11个月大的女孩和一名8岁的男孩也去世了"（2014，p. 2）。这本书记载了100多名美国人（其中大部分是儿童）因服用治疗病痛的药物而引发死亡。

磺胺（消炎药）是治疗细菌感染的特效药，其对脑膜炎、肺炎等疾病有显著疗效。在第二次世界大战的战场上，它拯救了许多人的生命。它的发现者、德国病理学家和细菌学家格哈德·多马克(Gerhard Domagk)在博比去世两年后的 1939 年获得了诺贝尔生理学或医学奖。

这场悲剧不是故意投毒造成的。其初衷只是提供一种必要的治疗方法。在此事件发生之前,磺胺就已经以片剂和粉剂的形式存在,并被有效地运用于药剂产品。1937 年,一家位于田纳西州布里斯托尔的制药商麦森吉尔公司,决定以液体形式提供这种药物,因为该公司的一名销售人员报告说,美国南部各州对该药物有需求。麦森吉尔公司首席化学家、药剂师哈罗德·科尔·沃特金斯(Harold Cole Watkins)发现,磺胺会溶于二甘醇。于是,他研制出了磺胺酏剂,并对该混合药物进行了口味、外观和香味测试,但没有进行毒性测试。因此,该公司没有注意到二甘醇这种无色无味、味道微甜的液体实际上是一种致命的毒药。等到发现时,为时已晚(Ballentine, 1981)。

美国食品药品监督管理局(Office of Public Affairs of the Food and Drug Administration, FDA)公共事务办公室撰稿人卡罗尔·巴伦丁(Carol Ballentine)于 1981 年撰文道,"对实验动物进行几项简单的测试就能证明磺胺酏剂的致命性。即便是回顾一下现有科学文献也会发现,其他研究——例如在若干医学期刊上发表的研究——已表明二甘醇有毒,并可能会造成肾脏损害或衰竭"。但当时的法律并没有要求制药公司研究药物的副作用,也没有规定"禁止销售危险的、未经检验的或有毒的药物"(Ballentine, 1981)。

该公司拒绝为此次群体性中毒事件承担任何法律责任。该公司的老板塞缪尔·埃文斯·麦森吉尔博士(Samuel Evans Massengill)表示,"我们一直在提供合法的专业需求,而且从来没有预见到意外的结果。

我不认为我们有任何责任"（Ballentine，1981）。而药剂师哈罗德·沃特金斯在得知这一悲剧后便自杀了。

这场磺胺酏剂的悲剧促使美国国会通过了 1938 年的《联邦食品、药品和化妆品法案》，结束了长达 5 年的激烈立法之战。时任美国总统富兰克林·罗斯福于 1938 年 6 月 25 日签署了这项法案。美国食品药品监督管理局历史学家华莱士·詹森（Wallace F. Janssen，1981）写道，这项法案首次要求药品制造商"在新产品投放市场之前，必须提供科学证据来证明新产品可以安全使用"。这一安全规定在 25 年后保护了美国免受沙利度胺（镇静剂，Thalidomide）灾难的影响，其在欧洲和其他地区造成了 1 万多名婴儿四肢畸形的问题。

沙利度胺悲剧

沙利度胺是 20 世纪 50 年代在西德开发的一种抗惊厥药物，虽然该药对治疗癫痫患者的抽搐无效，但研究者发现它在助眠和使人放松方面非常有效。恰逢战后很多人都有失眠问题，沙利度胺的舒缓、镇静和助眠作用就使其成为一种流行的镇静剂和安眠药。此外，沙利度胺也受到孕妇的欢迎，因为它可以缓解孕吐反应。

《暗黑治疗：沙利度胺的影响及其作为重要药物的复兴》（*Dark Remedy: The Impact of Thalidomide and Its Revival as a Vital Medicine*）的作者特伦特·史蒂芬斯（Trent Stephens）和罗科·伯连纳（Rock Brynner）认为，沙利度胺造成了"历史上最大的医疗悲剧"（2009，p. 9）。沙利度胺在上市后不久，有关于其副作用的报道便开始出现，包括头晕、平衡障碍、血压下降、记忆力消退、便秘、颤抖、宿醉和过敏反应。

但该公司忽视了这些早期报告,正如他们在临床试验中所选择的"视而不见"。就在这些副作用被报道又被忽略之际,沙利度胺造成了更大的悲剧:婴儿在出生时存在四肢畸形的问题——如四肢过短、肢体残缺或出现鳍状肢。受沙利度胺影响,在全世界范围内,超过1万名婴儿出生时患有残疾。但这对美国的影响较小,只有少数美国婴儿受到影响,这是因为在美国,沙利度胺是直接分发给病人的。

得益于1938年的《联邦食品、药品和化妆品法案》以及在美国食品药品监督管理局工作的加拿大人弗朗西斯·凯尔西博士(Frances O. Kelsey)的智慧和勇气,美国在当时没有受到影响。尽管受到来自制药公司的巨大压力,凯尔西还是依据法案拒绝了批准沙利度胺进入美国市场。由于凯尔西在保护美国人免受该药品危害方面作出了关键贡献,她在1962年被时任美国总统翰·肯尼迪授予美国杰出联邦公务员服务奖。同年,美国国会一致通过了1962年的《药品修正案》,并对相关法案进行了修正。新法案中最重要的变化是增加了对疗效的要求。在上市之前,药品制造商必须提供科学证据证明该产品的有效性,因为"任何药物都不是真正安全的,除非它也是有药效的"(Janssen, 1981)。

现代医学

对药效和副作用(安全性和功效)的强烈关注现在被写入美国的法律法规中。在医疗干预措施的发展和研究中,无论是

> 一种药物获得批准后,针对药物副作用的研究还在继续。

新药还是医疗程序,权衡风险与产品的有效性已成为标准做法。美国食品药品监督管理局要求,在研制新药或进行新药临床试验(IND)之前,

制造商必须"给美国食品药品监督管理局提交一份有关临床研究的书面安全报告。报告中将涉及所有与使用该药物有关的严重的、未预想到的不良经历以及实验室动物测试中发现的所有表明人类受试者将面临重大风险的发现"(U.S. Department of Health and Human Services, Food and Drug Administration, Center for Drug Evaluation and Research, Center for Biologies Evaluation and Research, 2012, p.2)。在下一阶段的开发,即临床试验中,也有类似的要求。即使一种药物在获得批准上市后,针对该药物副作用的研究仍将继续,美国食品药品监督管理局会继续监控并积极鼓励报告先前未知的药物副作用。

今天,医学界普遍认为,任何干预措施都可能产生意想不到的副作用,这可能会对患者造成伤害。因此,医学研究认为药物成效和风险从根本上是不可分割的,它们犹如同一枚硬币的两面。在研究和报告药物的益处或功效时,也必须研究和报告药物的风险。这种思维方式和相关实践构成了现代医学的基础,并被证明对医学的进步发挥了巨大的作用。

首先,在医学领域,研究和报告药物副作用可以防止可能有效但具有高健康风险的药品进入市场,从而最大限度地减少潜在伤害,甚至可以挽救生命。例如,全球制药巨头辉瑞(Pfizer)终止了托彻普(Torce Trapib)的开发。虽然早期研究表明该药物在预防心脏病发作和中风病症方面是有效的,但是它引发胸痛和心力衰竭的概率高于临床试验中的对照组(Ginsberg & Kingston, 2014)。尽管中止开发意味着辉瑞

> 阅读优先计划是……迅速交付给 150 多万美国儿童……但没有进行"毒性测试",也没有关注其副作用,更没有提供相关潜在风险的信息。

将失去超过 8 亿美元的投资,但它或许挽救了许多人的生命。

此外,考虑副作用也有助于推动该领域的发展。医学研究并不总是在寻找更有效的治疗方法;它也关注如何尽量减少药物的副作用。新开发的治疗方法可能在药效上差异不大甚至是药效更差,但是其所导致的副作用可能更轻。这也能激励医学的进步。例如,氨基蝶呤被用来治疗患有白血病的儿童,但它具有毒性作用,包括"影响口腔内迅速分裂的上皮细胞,导致以疼痛性溃疡为特征的一种棘手的口腔炎"(Sneader, 2005, p.251)。一种新药——甲氨蝶呤——取代了氨基蝶呤,因为它引起的副作用更轻。就在最近,一个冷却帽系统(A Cooling Cap System)被开发和批准,以尽量减少化疗对乳腺癌患者所带来的脱发副作用(Kaplan, 2016)。

对效果和副作用的研究和报告有助于消费者在知情的情况下做出决定。医生和病人可以利用这些信息来权衡利益和风险。有些疗法可能更有效,但其副作用更严重。虽然一种疗法可能效果较差,但其副作用也可能不太严重。因此,在某些情况下,选择治疗方法是极其困难的。但在这种困难时期,充分了解与治疗相关的已知风险肯定是有帮助的。这就是为什么所有医疗产品都必须披露其副作用和有效性的信息,即使是对于感冒药等常见非处方药也是如此。例如,当你买一瓶布洛芬时,标签上清楚地标明了其止痛退烧的功效,但同时也标明了其引起严重过敏反应和胃出血的可能性。

超越随机对照试验：小结

阅读优先计划是美国有史以来第一
个全国性的大型阅读干预项目，后被迅速
推广至全美最贫困学校中的 150 多万儿

> 教育就像医学一样，既可以带
> 来伤害，也可以带来帮助。

童。这是第一个据称基于科学证据的项目，然而，它没有进行预先的"毒
性测试"，没有关注副作用，更没有向家长、学生、教师和公众提供相关潜
在风险的信息。从很多方面来说，这就像 1937 年哈罗德·沃特金斯为
麦森吉尔公司制备的磺胺酏剂。磺胺是有效且安全的，但其添加剂是有
毒的。它也像沙利度胺一样，对一些人来说是安全有效的，但对其他人
来说是危险的，特别是对孕妇。美国国家阅读小组筛选的个别研究可能
对某些结果产生了积极影响，但是阅读优先计划可能会对其他方面造成
损害，如让学生丧失阅读动机和兴趣。它可能对一些学生有用，但也可
能会伤害到其他人。对某些学生而言，该计划完全是浪费时间，而这些
学生本可以从其他的教育干预措施中获益。这种潜在的伤害就类似于
对病症的误诊或误服药物。但是这些潜在的副作用从来没有被这些经
美国国家阅读小组审查的研究关注过，因此该小组不可能知晓或考虑到
这些损害。

这是因为教育领域没有考虑副作用的传统，更不用说研究和报道它
们了。为了推动教育成为一个使用科学证据的领域，我们不仅需要使用
类似于像随机对照试验这样的科学方法来进行教育研究，更要像医学领
域一样采取"教育可能同时带来伤害和帮助"的思维模式。

第三章
无益的成功与有效的失败
直接教学法和课堂中的副作用

来自美国加州大学河滨分校的心理学家玛格丽特·科恩（Margaret Kern）和霍华德·弗里德曼（Howard S. Friedman）跟踪了世界上1000多个智商超群的人的

> 早期阅读与早期教育的成功有关，但从长期来看，也与一些负面结果有关。

一生，并得出结论（2009, p.427）："早期阅读与早期教育的成功有关，但从长期来看，也与一些负面结果有关，包括整体受教育程度较低、青少年和成人（阶段）适应力较差以及酗酒情形增加。"2009年，他们在《应用发展心理学杂志》（*Journal of Applied Developmental Psychology*）上撰文并报告了自己的发现。

这项研究始于20世纪20年代，由美国斯坦福大学教授刘易斯·推孟（Lewis Terman）发起，他开发的斯坦福-比奈智商测试（Stanford-Binet IQ Test）为人们广泛使用。推孟招募了超过1500名智商超群的儿童参与"推孟高能力儿童生命周期研究"。这些孩子出生于1910年左右，他们必须达到135或以上的智商分数才能参与这一项目。该项目对他们的一生进行了追踪研究，研究者每隔5年或10年收集其有关状况的数据，直至他们去世。

弗里德曼和他的同事研究了推孟项目的数据。虽然数据显示的是相关性，而非直接因果关系，但他们得出的结论是早期读写能力与个体生活质量的重要指标（如长期的社会情感福祉和适应力）呈负相关。他们还发现，早期入学与个体日后的生活质量也有着类似的负相关性。

这是否意味着早期阅读学习会对个体长期发展造成损害？我们不能确定，因为这项研究不是关于早期阅读对个体生活质量影响的随机对照试验。其他因素无疑也会发挥作用。然而，它确实对"培养早期阅读能力能够使人们走上上升的人生轨道"这一普遍性的看法提出了质疑（The Annie E. Casey Foundation, 2010, 2013）。这一研究至少表明，促进早期阅读的努力有可能在长期内适得其反。

遗憾的是，这样的研究在教育领域很少见。大多数教育研究都关注干预措施的即时有效性。它们通常是为了证明或反驳某种干预措施在实现短期教学成果方面的有效性，而不关心眼前的成功是否会伴随着长期的失败。这种有效性通常是通过学生展示其对规定知识和技能的掌握程度来衡量的。只要结果显示有所改善，干预措施就被认为是有效的，尽管这种效果可能以（牺牲）其他可能更重要的成果为代价。直接教学法就是一个典型的例子。

> 跟进计划最终成为一个试验，旨在测试不同教学模式在改善弱势青少年教育结果方面的有效性。

直接教学法，又称显性教学或有意教学，是一种"以技能为导向的教学方法，它涉及的教学实践是由教师指导的"（Carnine, Silbert, Kame'enui, & Tarver, 2004, p.11；另见 Carnine, 2000）。它的特点是教师通过教学明确地教授技能和内容。内容和技能通常被分解成小单元，并有意地进行排序(Carnine et al., 2004; Rosenshine, 1978, 2008, 2009)。直接教学法有两种形式。一种是通用的"小写的直接教学法"(direct instruction),其包括一套遵循上述一般原则的教学实践(Rosenshine, 1978, 2008, 2009)。另一种是"大写的直接教学法"(Direct Instruction, DI),这是一种特定的教学计划,其遵循并超越了直接教学法的一般原则,为教师提供了不得偏离的教学脚本。

近年来,无论是小写还是大写形式的直接教学法,一直都在对抗以儿童为中心的教学模式,争取教师在课堂上的主导地位。在阅读和数学领域,它都接受过论战。为了取得进一步的进展,我们不应继续就直接教学法是否有效进行无谓的争论,而应考虑它在哪些领域是有效的以及它是否具有长期性的副作用。本章的其余部分将使用直接教学法的历史来说明我们如何通过理解直接教学法的效果和副作用从而推动教育发展。

对直接教学法的不满

直接教学法于 1968 年首次亮相,是"跟进计划"(Project Follow Through)中涵盖的 22 种教学模式之一,以用于教授算术和阅读的直接教学系统(Direct Instruction System for Teaching Arithmetic and Reading, DISTAR)命名(Bereiter & Kurland, 1981; Stebbins, 1977)。表面上看,这是美国联邦政府赞助过的最大型的教育试验。最初,它被提议作为一项社会服务计划,用于"跟进"1965 年时任美国总统林登·约翰逊在反贫困战争中推出的广受欢迎的"启智计划"(Head Start Program)。跟进计划最终成为一个试验，旨在测试不同教学模式在改善弱势青少年教育结果方面的有效性。该试验始于1968年，结束于1976年，但该计划一直持续到20世纪90年代。这项试验花费了近10亿美元，涉及100多个社区的数十万儿童，同时耗资3000万美元进行了国家评估，并出版了四卷报告。

无可争议的赢家

直接教学系统（DISTAR）在2007年的跟进计划试验中被其联合发明人齐格弗里德·恩格尔曼（Siegfried Engelmann）描述为"无可争议的赢家"，"不仅在基础

> 据其联合发明人称，直接教学系统（DISTAR）成为该试验中"无可争议的赢家"。

技能、认知技能和儿童的自我认知等方面，我们的校正分数和百分位分数名列第一；而且在拼写方面，我们也是第一。我们在有学前教育启蒙计划（Head Start Preschool）的学校中名列第一，在从幼儿园开始试验的学校中名列第一，在从一年级开始试验的学校中也名列第一"（p. 228）。成功的证据不胜枚举："我们三年级的学生只读了三年（从一年级到三年级的），比其他模式下读四年（从幼儿园到小学三年级）的学生领先一年以上。"（Engelmann，2007，pp. 228-229）此外，恩格尔曼还写道："相比于美洲原住民儿童、非英语为母语儿童、农村地区儿童、城市地区儿童、白人儿童、黑人儿童、最弱势儿童和成绩优秀儿童，我们都是第一名。"（p. 229）

恩格尔曼和他的同事坚信他们已经开发出了最有效的教学方法。恩格尔曼（2007，p. 229）写道，"在补偿性教育的历史上，直接教学法首次表明，对不同类型和在不同环境中的高危儿童来说，长期、稳定、可复

制和高度积极的结果是可能的"。并且,他断言,直接教学法之前的所有教学计划都是"幻影",其有效性"取决于偶然事件、测量假象或骗局"(p. 229)。此外,他们相信直接教学法在所有科目中对所有学生都有效,其可以发展学生的基础技能和高阶认知技能。它在情感领域也很有效,因为它使孩子们充满自信(Engelmann, 2007; National Institute for Direct Instruction, 2014)。最重要的是,恩格尔曼相信直接教学法并没有把孩子变成机器人。

反响平平

直接教学系统(DISTAR)的开发者对他们的方法很有信心,他们渴望自己的模型得到广泛的传播。1977年,研究结果一经公布,该系统的共同开发者、心理学教授韦斯利·贝克尔(Wesley C. Becker)就在《哈佛教育评论》(*Harvard Educational Review*)上发表了一篇关于直接教学法及其在跟进计划中出色表现的文章,希望能引起人们的注意。恩格尔曼在他2007年的书中提到,"韦斯利预计这篇文章将激发人们极大的兴趣"。但是,这并没有发生。"相反,它几乎没有引起任何反响——既没有读者报告说他们意识到自己所支持的做法导致了不必要的失败,也没有读者报告说直接教学法提出了一种更好的方法来解决自《科尔曼报告》①以来一直困扰美

> 从事教育工作的人们确实尊重证据,但大家对什么是好的证据以及如何解释……可能有不同的看法。

---

① 科尔曼报告(Coleman et al. , 1966)是美国极具影响力和争议的教育研究之一。这项研究发现,在教育成就方面存在巨大的种族差异。

　　　　　　　　　　　　　　　教育效果的辩证

国学区的问题。"

直接教学系统（DISTAR）的开发者还寄希望于跟进计划能够宣布他们的方法是唯一有效的，并可以提供资金以将其推广至美国全国。然而，这一设想并没有实现，直接教学法并没有得到特殊对待。此外，跟进计划的重心从资助教学模式转变为资助个别学校。即学校可以申请资金来推广他们"成功"的项目。显然，被验证为成功的项目包含了直接教学法和其他教学模式。最后，在200多所通过美国国家传播网络来推广其教学模式的学校中，只有三所推崇直接教学法（Engelmann, 2007）。

直接教学法的开发者自然感到不满。他们对此结果提出了抗议，并写信给跟进计划的负责人。他们还联系到了当时的美国政界人士，包括当时美国俄勒冈州参议员鲍勃·派克伍德（Bob Packwood），他从中介入并收到了美国教育专员的回应。但是，与恩格尔曼及其同事的期望相悖的是，直接教学法仍然未被视为"无可争议的赢家"，也未能在美国全国范围内被推广为唯一有效的方法（Engelmann, 2007）。

在接下来的几十年里，直接教学法的支持者继续宣传该方法是最有效的（Becker & Gersten, 1982; Engelmann, 2007; Gersten & Keating, 1987; T. Kim & Axelrod, 2005）。他们进行了大量的实证研究，并收集了大量的证据来支持直接教学法的有效性。他们出版了书籍和期刊文章，甚至创办了自己的报纸和期刊来传播证据，并倡导直接教学法的使用。他们为教育工作者组织了数百次的会议和培训项目来推广直接教学法。这些努力当然有助于扩大直接教学法的知名度，但仍未能将直接教学法引入每一个美国教室之中，即使在《不让一个孩子掉队》法案和阅读优先计划明确支持直接教学法的情况下也是如此。

痛苦而无知的失败者

为什么"最有效"的儿童教育方法没有得到广泛传播？直接教学法的倡导者提出了各种推论。他们相信有人密谋反对直接教学法。恩格尔曼(2007)指控负责管理跟进计划的美国联邦教育办公室,认为那里充斥着"传播谎言和智力诡辩的阴谋",所以不愿承认直接教学法是其项目追踪中最有效的模型,也因此没有在随后的资助决策中推广它(p.252)。恩格尔曼还指出,福特基金会也是反对直接教学法的共谋者,因为该基金会被委托对跟进计划的国家评估进行独立审查,而该审查对直接教学法最初的评估和结论提出了批评(House, Glass, McLean, & Walker, 1978)。

至于为什么有人密谋反对直接教学法,直接教学法倡导者的答案是因为这些人是"痛苦的失败者"。他们认为,跟进计划表明,专注于基础技能的直接教学模式显然优于"以儿童为中心"的教学模式。然而,各类教育机构深深痴迷于"以儿童为中心"的理念,不愿面对此结果,因而对直接教学法发起了攻击并阻止了跟进计划调查结果的广泛传播(Bereiter & Kurland, 1981; Carnine, 2000; Engelmann, 2007; T. Kim & Axelrod, 2005; Watkins, 1995, 1997)。例如,直接教学法协会卓越教育奖获得者、直接教学法名人堂入选者凯西·沃特金斯(Kathy L. Watkins, 1995)写道:

> 因此,跟进计划的数据无法支持教育学院里的主流哲学思想。这显然使教育工作者难以接受跟进计划的研究结果,他们的反应是质疑评估结果,并对直接教学法提出具体的反对意见

或质疑该模式的价值。

直接教学法的倡导者认为一切批评都是这个不开明的领域无视科学研究、只信奉意识形态的结果。直接教学法的坚定拥护者道格拉斯·卡妮娜(Douglas Carnine)于 2000 年为美国保守派智库托马斯·福特汉姆研究所撰写了一篇名为《为什么教育专家抵制有效的实践(以及怎样才能使教育更像医学)》[*Why Education Experts Resist Effective Practices (and What It Would Take to Make Education More Like Medicine*)]的文章。他断言,美国教育界被"儿童可以自然学习"的"浪漫观念"所洗脑,这"使得许多专家对有关教育儿童的有效方法的实际研究结果都闭目塞听"。因此,卡妮娜(2000)批判教育是"一个不成熟的行业,其缺少坚实的科学基础,对证据的尊重还不如对观点和意识形态的尊重"(p. 8)。

直接教学法的有效性 vs.效果

卡妮娜在某种程度上是正确的。教育领域确实缺乏坚实的科学基础,但其"对证据的尊重"并不一定"少于对观点和意识形态的尊重"。教育工作者确实尊重

> 正是对证据的重视导致了对跟进计划数据的重新分析和重新解释。

证据,但对于什么是好的证据以及如何解释这些证据有不同的看法。此外,教育工作者没有意识到有效性和效果之间的区别。有效性用于衡量结果按预期达成的程度,而效果则指的是结果本身。虽然直接教学法的支持者为其有效性进行辩护,但这一模式的反对者们却对直接教学法的

效果表示担忧,因为这些反对者并不认为直接教学法所产生的结果(效果)与其他结果一样重要。在某些情况下,直接教学法越有效,我们就越应该担心它是否会产生不必要的影响。因此,对直接教学法持怀疑态度的人一直担心它会对儿童造成未被发现和未被报告的不利影响(Schweinhart & Weikart, 1997; Schweinhart, Weikart, & Larner, 1986)。

捍卫直接教学法的有效性:各执一词的跟进计划

指责直接教学法的批评者或指责各类教育机构不尊重证据是不公平的。恰恰相反,其实他们都很关心证据。正是对证据的重视导致了对跟进计划数据的重新分析和重新解释,而直接教学法的支持者们一直将其视作主要的支持性证据。

跟进计划的官方评估是由 Abt 公司(Abt Associates)进行的,该公司在 1977 年发布了他们的最终报告。主要调查结果包括:

- 每个跟进计划的教学模式的有效性在不同地区的群组之间存在显著差异;相比之下,总体模式的平均值差别不大。
- 强调基础技能的模式在帮助儿童获得这些技能方面比其他模式更成功。
- 对于那些强调基础技能之外的其他重点的教学模式而言,其所服务的孩子在这些基础技能测试中的得分往往低于没有参与跟进计划的孩子。
- 在提高认知概念技能方面,没有哪一种模式明显比其他模式更成功。

- 强调基础技能的模式在自我概念测试中比其他模式的结果更好（Stebbins, 1977, pp.135 - 147）。

恩格尔曼（2007）并不喜欢这些结论，因为它们并没有直接宣布直接教学法就是明确的赢家，也并没有明确指出直接教学法在提升基础技能、认知概念技能和自我认知能力的成绩方面是最有效的模型。他抱怨道，这种分析"对直接教学法并不友好"（p. 225）。尽管如此，他相信数字不会说谎。并且，根据他的分析和解释，实施直接教学法的学校确实在提升学生的基础技能、认知概念技能和自我认知能力方面比使用其他模型的学校有更多的改进。

在评估报告发布后不久，更多"不友好"的分析也随之而来。此次评估由福特基金会委托并由一组顶尖的教育专家组成的审查小组进行了审查，其中包括美国伊利诺伊大学的欧内斯特·豪斯教授（Ernest House）、美国科罗拉多大学博尔德分校的吉恩·格拉斯教授（Gene Glass）、美国安大略省教育研究所的莱斯利·麦克莱恩（Leslie D. Mclean）和美国斯坦福大学的德克尔·沃克（Decker F. Walker）。该审查小组指出，即使是最原初的"不友好的"结论——"基础技能模式更有效"也都是错误的（House et al., 1978）。原初报告中的一项发现是有效的：教学模式的有效性在不同地区之间会有很大差异。因此，他们得出的结论是，个别教师、学生、街区和不同地区的社区之间的差异对学生的成就影响比教学模式更重要（House et al., 1978）。

> 由福特基金会委托进行的审查……指出，即使是最原初的"不友好的"结论——"基础技能模式更有效"也都是错误的。

豪斯（House）及其同事还对测量提出了质疑。他们认为一些非常重要的教育结果并没有被测量，比如个性和品格的改善、大声朗读的能力以及写故事的能力。此外，一些测量手段对教学并不敏感，也不够精密。他们还批评这些分析是武断的、不明智的。最终，他们认为测量的范围存在偏见，因为评估并未考查所有教学模式的目标（House et al.，1978）。

美国教育办公室的玛丽·肯尼迪（Mary Kennedy）在 1978 年对跟进计划的结果进行了另一项分析，结果表明直接教学法的有效性并不像其支持者所声称的那么高。她发现"作为结构化的课堂方法，直接教学法和行为分析至少可以呈现某一点显著积极效果，而另外三种相对非结构化的教学模式则显著呈现出负面效果"（p.5）。然而，她指出，"并非所有结果都会呈现出显著效应"。这与恩格尔曼的结论相反。

美国安大略教育研究学院的教育学教授卡尔·贝雷特（Carl Bereiter）急忙为直接教学法辩护。贝雷特曾在美国伊利诺伊大学厄巴纳-香槟分校（UIUC）与恩格尔曼一起进行直接教学法的早期开发工作，并且与该校的米甸·库兰（Midian Kurland）重新分析了数据（Bereiter & Kurland，1981）。他们首先质疑了原始报告和豪斯团队的发现，即教学模式在不同地区的内部差异比教学模式之间的差异更大。相反，他们发现不同的教学模式之间存在显著差异。直接教学法和行为分析（另一种强调基础技能教学的模式）在提高所有成绩子测验方面都具有优势（Bereiter & Kurland，1981）。

直接教学法的倡导者凯西·沃特金斯（Kathy Watkins）在 1995 年和 1997 年的出版物中重新回顾了跟进计划的数据和历史。在这两本出版物中，她都把直接教学法视为最有效的教学模式。她认为，直接教学法没有得到更广泛传播的原因在于当权派抵制或轻视了跟进计划的研究发现(Watkins，1995,1997)。

美国密歇根大学的教育历史学家马里斯·维诺夫斯基斯(Maris Vinovskis)在其1999年出版的著作《历史和教育政策制定》(*History and Educational Policy Making*)中回顾了对跟进计划的各种分析和再分析。他指出了大家围绕"跟进计划是否有效、效果的来源以及普遍效果的不同解释"所带来的争议。他发现，在对跟进计划进行测量的所有结果中，没有迹象表明直接教学法的确是最有效的方法。但与此同时，在某些领域，尤其是在阅读和数学的基础技能方面，也没有证据能够质疑直接教学法的有效性。

在跟进计划之后，关于直接教学法的有效性证据持续出现，无论是"大写形式的直接教学法"还是"小写形式的直接教学法"。如今，确实有大量的证据可以证明直接教学法是一种有效的教学方法(Adams & Engelmann，1996；Becker Gersten，1982；Brent Diobilda，1993；Dean Kuhn，2007；Gunn, Biglan, Smolkowski, & Ary，2000；L. A. Meyer，1984；Peterson，1979；Roehler Duffy，1982；Schwerdt Wuppermann，2011；Slavin，2008；Stockard，2010；Swanson Sachse-lee，2000)。2015年，美国国家直接教学法研究所(National Institute for Direct Instruction)发布了一份102页的关于直接教学法有效性的参考书目，每页大约包含12项条目。

对副作用的深切担忧或捏造的谬见

但是，大家对直接教学法提出批评，以及许多教育工作者不愿将其视为一种有效的教育,不仅仅是因为对其有效性不确定,其背后还有一种更广泛的怀疑,即直接教学法声称它对所有学生、所有结果都有效,而且在所有情况下都有效。直接教学法的支持者们坚定地将这种批评和怀疑视为有偏见的、无知的和受意识形态驱动的谬见。他们付出了很多努力来反驳这些所谓的谬见(Adams & Engelmann, 1996; Tarver, 1998)。

直接教学法的支持者们试图反驳的谬见体现的正是批评者对直接教学法效果和有效性的担忧。这些"谬见"大致涉及两个方面的担忧:结果和学生。直接教学法的批评者最关心的是直接教学法的结果。直接教学法的倡导者们声称,它在所有的结果领域都能产生积极变化(National Institute for Direct Instruction, 2014)。但是,这是真的吗?它实际上可能会造成损害吗?

> 对直接教学法的批评……不仅仅在于对其有效性的不确定。

例如,美国威斯康星大学教授萨拉·塔弗(Sara Tarver)在她1998年发表的文章《关于直接教学法的谬见与真相》(*Myths and Truths About Direct Instruction*)中试图反驳批评者的十个"谬见",其中有六个与结果有关。

谬见1:直接教学法可能在教授最基本的学术技能方面有效,但在教授问题解决或促进高阶认知学习方面却无效。

谬见2:直接教学法的阅读课程可能在教授解码和词汇识别方面有效,但在教授阅读理解方面却无效。

谬见4:直接教学法对学生的自我概念、自尊和学习态度都有不利影响。

谬见 8：直接教学法课程的僵化结构助长了学生对教师的依赖；接受直接教学法的学生无法在独立的情况下成功。

谬见 9：虽然直接教学法在低年级能带来学业进步，但它对学生在学校环境中的成功没有持久的影响。

谬见 10：直接教学法的结构和照本宣教式的课程扼杀了教师和学生的创造力。（pp. 18 - 22）

直接教学法的怀疑者担忧的第二个方面是，直接教学法是否像其支持者声称的那样对所有学生都有效（National Institute for Direct Instruction, 2014）。塔弗在 1998 年试图打破的十个"谬见"中有三个是关于直接教学法对不同学生群体的有效性的。

谬见 5：直接教学法可能适合弱势学生，但不适合其他在学校中面临失败风险的学生，也不适合处于平均水平和高于平均水平的学生。

谬见 6：直接教学法不适合有阅读障碍的学生，因为它不是多感官的。

谬见 7：直接教学法可能适合低年级的学生，但不适合中学生、高中生和成年人。（pp. 18 - 22）

加里·亚当斯（Gary Adams）和恩格尔曼（Siegfried Engelmann）在他们 1996 年出版的著作《直接教学法研究：直接教学系统后的 25 年》（*Research on Direct Instruction: 25 Years Beyond DISTAR*）中也提到了关于直接教学法的"谬见"。他们提到的八个"谬见"中有四个是关于结果的。

谬见 3：直接教学法回避了发展进程和发展理论。

谬见 4：直接教学法照本宣科式演示和预先设定的课程扼杀了教师的创造力。

谬见 6：直接教学法促进了被动学习。

谬见 7：直接教学法忽略了个体差异。一是关于不同学生群体的适用性，其余则涉及该项目的特点和程序。（Adams & Engelmann, 1996, pp.25 – 32）

在驳斥这些"谬见"的努力中，直接教学法的支持者们更多地依赖于先验推理和一般性陈述，而不是实证证据。例如，为了反驳所谓的直接教学法在教学理解方面无效的谬见，塔弗在 1998 年提出了"真相 2：直接教学法的阅读课程已经成功地用于教授理解、解码和识别"（p. 19）。然后，她解释了直接教学法阅读项目"阅读精通 VI"（Reading Mastery VI）是如何教授推理技能的，但她却没有援引任何实证证据来证明这一项目实际上是有效的。她承认，"准确地说，直接教学法在理解教学的有效性证据方面不如其解码教学的证据那样广泛"（p. 19）。最后，她辩称"有关直接教学法可以推动理解教学的证据是充分的"，但她却没有引用任何文献。有趣的是，有足够的实证证据表明，提高解码技能的策略不一定能提高阅读理解能力（Cummins, 2007）。

直接教学法的倡导者们还试图进行实证研究来展示该模式的长期效益，这也受到了批判者的质疑。1982 年，直接教学法的支持者韦斯利·贝克尔（Wesley Becker）和拉塞尔·格尔斯滕（Russell Gersten）在《美国教育研究杂志》（*American Educational Research Journal*）上发表了一项关于直接教学系统后期效果的研究。基本上来说，这项研究发现，一年级到三年级期间接受过直接教学法的学生在五年级和六年级时仍比没有接受过直接教学法的学生有优势。贝克尔和格尔斯滕指出，（直接教学法）在解码技能方面有着持续且强烈的显著影响，在数学问题解决和拼写方面有着持续但不太显著的影响，以及"在其他大多数学术领域都有适度的影响"（1982，p.75）。美国伊利诺伊大学香槟分校的琳达·迈耶（Linda Meyer）在1984年进行的另一项研究也得出了类似的结果，证实了直接教学法对学术成就有长期的积极影响。

1987年，罗素·格斯滕（Russell Gersten）和托马斯·基廷（Thomas Keating）发表了另一项后续研究，旨在确定直接教学法的积极影响是否能持续到高中阶段。不出所料，他们发现直接教学法产生了长期效益：从一年级到三年级参加过直接教学系统项目的学生比没有参加过该项目的学生表现更好。与对照组的学生相比，他们"在标准化测试中得分更高，辍学率更低，申请大学的频率更高"（Gersten & Keating，1987，p.28）。作者声称，"在我们所研究的四个社区中，我们发现直接教学法的项目对学生产生了长期的积极影响。这些影响在所有地方和所有群体中都是一致的"。然而在下一句话中，他们的主张却自相矛盾，"在一些地方，比如芬利（Finley），这种影响是体现在学术成就上的，而不是体现在（降低）辍学率上；而在其他地方，如威廉斯堡县（Williamsburg County），它体现在毕业率上，而不是学术成就上"（p.31）。

这些后续研究基本上证实了早期关于直接教学法的发现。它在（教授）阅读和数学的基础技能方面是有效的。但它的支持者们夸大了它在情感领域的作用。因此，无论是旨在打破"谬见"的文章，还是后续的研究，都没有说服更多人去接受，直接教学法是一种对所有结果和学生都有效的教学模式，或者说它是一个没有任何副作用的模式。

副作用的新兴证据

副作用的证据逐渐出现。由于教育领域没有研究副作用的传统,很少有研究关注直接教学法或其他干预措施的潜在副作用。大多数关于直接教学法的潜在副作用的关注都是理论上的推测。第一个显示直接教学法可能产生副作用的实证研究发表于《早期儿童研究季刊》(*Early Childhood Research Quarterly*)(Schweinhart et al.,1986)。

1967年,美国密歇根州伊普西兰蒂市(Ypsilanti)的心理学家大卫·韦格(David P. Weikart)和他的同事们决定评估三种不同的教学模式对学龄前儿童的相对影响:高瞻(High/Scope)组[由韦格(Weikart)发展而来的以儿童为中心的发现学习法];直接教学法组;传统幼儿园组。基于分层随机的方法,将68名3—4岁的贫困儿童分组至这三种模式之中。孩子们参与该项目的时间为一年或两年,随后他们一直被追踪调查至更高的年龄段。

研究发现,当追踪到10岁时,三组儿童之间唯一显著的差异是接受过直接教学法的孩子的平均智商在5岁时明显高于接受传统幼儿园教育的孩子。但当追踪持续至15岁时,研究者将测量结果扩大到社区行为,其发现了一个令人震惊的差异,即直接教学法组报告的不当行为比高瞻组多2.5倍。此外,据直接教学法组报告说,他们在家人心目中的形象不如另外两组。另外,直接教学法组中报告积极参与社会活动的成员数量也较少(Schweinhart & Weikart,1997)。

这项研究很快遭到了直接教学法支持者的批评。卡尔·贝蕾特(Carl Bereiter)迅速而确切地指出了研究者之间可能存在的利益冲突,他们是高瞻组的开发者和所有者,而高瞻组一直都是直接教学法的主要竞争对手。高瞻课程的有效性在跟进计划的测量结果中也并未得到证明。此外,贝蕾特(1986)对研究结果的有效性提出了质疑,并指出了数据收集和分析的缺陷。

大约在 10 年后的 1997 年,研究者发表了他们的最新发现。当时的孩子们已经 22 岁了。这项后续研究在方法上更加有效,并且解决了贝蕾特提出的质疑。在其他教育结果中,这项研究(Schweinhart & Weikart, 1997)发现:

- 在生活质量结果方面,高瞻组比直接教学法组的表现更好,例如计划的受教育年限最高、与配偶生活的比例较高、愤怒来源较少、在 15 岁时自我报告的不当行为较少、因刑事犯罪和财产犯罪被捕的次数较少。
- 传统幼儿园组在 22 岁时被停职和因刑事犯罪被捕的人数比直接教学法组要少。
- 高瞻组和幼儿园组会经历较少的经过鉴定的情绪障碍或情绪困扰并且会比直接教学法组参与更多的志愿活动。

有许多问题影响着高瞻研究的有效性。一方面,利益冲突是显而易见的。不论是在思想上还是经济上,研究者都对高瞻课程的成功和直接教学法的失败持有既得利益,因为这两者恰好是竞争对手。大卫·韦格是高瞻课程的发起人,而劳伦斯·施韦因哈特是当时高瞻教育研究基金会(High/Scope Educational Research Foundation)的主席。另一方面,样本量非常小。三组共有 68 名儿童参与,每组只有大约 23 名参与者。经过多年的自然损耗,1997 年的研究只包含了 52 名参与者。虽然研究者意识到小样本的局限性并在分析中考虑到了这一点,但它仍然极大地限制了该研究的可推广性。

直接教学法的作用与副作用

有更多证据表明了直接教学法的副作用。尽管直接教学法的支持者声称,直接教学法不会扼杀创造力,但佩内洛普·彼得森(Penelope Peterson)在 1979 年发表的一篇评论文章中却得出了相反的结论。直接教学法在提高学生成绩的同时,确实会抑制创造力和问题解决能力。在综述了 200 多项研究后,她得出结论:

> 在直接教学或传统教学中,学生往往在学业成就测试中表现得略胜一筹,但在抽象思维(如创造力和问题解决能力)测试中表现得稍逊色一些。相反,在开放式教学中,学生在成就测试中表现得稍逊一筹,但在创造力和问题解决能力上表现得更出色。此外,开放式教学在提高学生对学校和教师的态度以及增强学生的独立性和好奇心方面优于直接的或传统的方法。但在所有这些情况下,其影响都很小(p. 47)。

抑制好奇心和创造力

彼得森的观察在理论上是可信的。直接教学法可以有效地"促进对目标材料的快速、高效学习"(Bonawitza et al., 2011, p. 322),但它可能会对创造力产生负面影响,因为"教学必然会限制孩子们所考虑的假设范围"(p. 322)以及他们探索新事物的尝试。这一推理得到了两项实验研究的支持。这两项研究的结果都发表于《认知》(*Cognition*)期刊(Bonawitza et al., 2011; Buchsbauma, Gopnika, Griffiths, & Shaftob, 2011)。

在一项研究中,美国加州大学伯克利分校(University of California, Berkeley)的伊丽莎白·伯纳威扎(Elizabeth Bonawitza)及其同事在学龄前儿童中进行了两项实验。在第一项实验中,85名年龄在48到72个月大的学龄前儿童被随机分配到四个条件中:一个教学条件和三个非教学条件,非教学条件包括中断(Interrupted)、无经验(Naive)和基线(Baseline)。儿童的任务是去玩一个新的玩具。在"教学"条件下,实验者扮演教师的角色并使用直接教学。她告诉孩子们:"看我的玩具!这是我的玩具。我要给你看看我的玩具是怎么玩的。看这个!"然后,她继续演示这个玩具的多种玩法之一。中断条件的干预手段完全相同,只是实验者在演示后立即中断并离开现场。在无经验的条件下,实验者告诉孩子们自己刚刚找到了这个玩具,而且装作是意外地发现了这个玩具的玩法,她说:"哈!你看到了吗?让我试试吧!"然后,她做了同样的动作,但表现得好像是偶然发现这一功能一样。在基线条件下,实验者最初没有演示玩具的玩法。她只是通过话语来吸引孩子们的注意力:"哇,看到这个玩具了吗?看看这个!"为了与其他情况下的熟悉时间相匹配,实验者看了玩具大约2秒钟,然后把它放回桌子上。在所有的情况下,实验者在最初的介绍之后均鼓励孩子们弄清楚玩具的玩法,然后让他们自己玩(Bonawitza et al., 2011, p.322)。

研究者录下了所有的视频,并比较了孩子们玩耍的总时间、所做独特动作的次数、花在演示功能上的时间比例,以及孩子们发现的玩法的种类数。他们的数据表明：

> 教学限制了孩子们的探索和发现。尽管实验中所有孩子都被明确地鼓励去探索玩具，但是与没有接受过教学示范的孩子相比，接受过玩法功能教学的孩子对玩具所做的独特动作较少，发现的其他玩法也较少（Bonawitza et al.，2011，p.325）。

第二次实验的结果证实了第一次实验的结果。研究还发现，孩子们可以推断出教学意图。换句话说，即使孩子们没有直接接受过直接教学指导，而只是有机会在无意中听到教师对同伴的指导，他们也相信教学正在进行，并且他们需要听从教师的指导。

> 直接教学法在教授目标知识时是高效且有效的，但会抑制好奇心和创造力。

另一项研究（Buchsbauma et al.，2011）提供了更多的证据，其表明直接教学法在教授目标知识时是高效且有效的，但会抑制好奇心和创造力。这项研究也是对一组使用玩具的学龄前儿童进行了研究。结果显示，在实验者扮演教师的角色并直接给予指导和示范的情况下，儿童比其他情况下更有可能模仿教师。但研究发现，儿童不太可能去探索并提出新的解决方案（Buchsbauma et al.，2011）。

在数学学习中也有类似的发现（Kapur，2014）。瑞士苏黎世联邦理工学院学习科学和高等教育系主任马努·卡普尔教授（Manu Kapur）曾进行一项实验，发现学生在教学前比在教学后想出了更多的问题解决方案。接受直接教学的学生只倾向于给出所教的正确解决方案。因此，卡普尔（2016）认为，教学似乎限制了学生对新颖解决方案的探索，而这对于创造力和创造性（Creativity and Inventiveness）来说是非常必要的。

　　　　　　　　　　　　　　　　　　　　　　教育效果的辩证

无益的成功

卡普尔(2016)在发表于《教育心理学家》(*Educational Psychologist*)的一篇文章中,用"无益的成功"来描述直接教学法。卡普尔认为,无益的成功是指"可以在短期内最大限度地提高学习成绩,但在长期内却没有最大限度地促进学生学习……学生有可能在完成记忆任务或解决问题的过程中表现出色,但却没有相应地理解他们在做什么"(p. 290)。

卡普尔用实证证据证实了他的主张。他进行了一项准实验研究,将学生置于两种不同的条件下:一种是直接教学法,即学生在教师指导下根据课程练习进行学习;而另一种是有效失败,即首先要求学生解决复杂的数学问题,然后教师提供"标准"解决方案的解释。卡普尔发现,直接教学法条件下的学生在最初阶段更容易成功地解决结构良好的问题(Kapur & Bielaczyc, 2012)。但最终,在需要更深入地做概念理解的任务上,他们的表现不如有效失败条件下的学生。

有关直接教学法,其另一种无益的成功形式是,在传授知识和技能方面可能比发现学习更有效,但通过直接教学法获得的知识和技能不会迁移到真实情境中。为了试图反驳这种关于直接教学法的主张,美国卡内基梅隆大学心理学家大卫·克拉尔(David Klahr)和匹兹堡大学应用研究与评估主任米莱娜·尼加姆(Milena Nigam)就直接教学法和发现式学习在科学学习中的有效性进行了一项实验研究。该实验的目的是观察在教授小学科学目标之一的变量控制策略(CVS)时,通过过往的实验证实比发现式学习更有效的直接教学法是否会导致与发现式学习相似的真实情境迁移

> 有关直接教学法,其另一种无益的成功形式是……通过直接教学法获得的知识和技能不会迁移到真实情境中。

水平（Klahr & Nigam, 2004）。

结果表明，直接教学法在教授三年级和四年级学生变量控制策略概念方面更为有效，通过直接教学法学习该概念的孩子与通过发现式学习来学习该概念的孩子都能在第二天将变量控制策略概念应用到真实情境中。因此，克拉尔和尼加姆得出结论，孩子们学习概念的方式（学习路径）并不会影响他们应用这个概念的能力。因此，直接教学法优于发现式学习，因为它可以在不影响迁移这一长期目标的情况下产生更成功的学习成效（Klahr & Nigam, 2004）。

> **直接教学法初期的成功是以后期迁移表现较差为代价的。**

这一结论很快就被证明是错误的。美国哥伦比亚大学教师学院的两位心理学家小大卫·迪恩（David Dean Jr）和迪安娜·库恩（Deanna Kuhn）进行了一项与克拉尔和尼加姆几乎相同的研究，只不过他们进行了长时间的追踪调查。他们发现，"短暂的直接教学法能够在教学后立即产生与变量控制策略相关的显著水平的正确表现"（Dean & Kuhn, 2007, p.394）。然而到了第 11 周时，直接教学法的效果开始消失。在第 11 周和第 17 周，直接教学法组的迁移表现显著低于对照组的儿童。该研究表明，直接教学法的即时成功是不必要的，因为发现式学习最终也可以达到相同的学习水平。更重要的是，直接教学法初期的成功是以后期迁移表现较差为代价的（Dean & Kuhn, 2007）。

小结

很显然，我们应该非常谨慎地根据少数研究得出任何一般性的结

教育效果的辩证

论。然而,这些研究背后的哲学正是我们教育研究所需要的。一种同时研究教育干预措施效果和副作用的方法有望通过实证证据来解决长期以来的争论。这些研究基本上证实了直接教学法可以有效地传递知识,同时也会抑制创造力和好奇心。在教育中,我们需要既能传递知识又能培养创造力的有效方法。直接教学法在教育中占有一席之位,但是它的副作用需要最小化。因此,为了推动教育发展,重要的是要努力探索什么时候应该使用直接教学法、指向什么目的、针对哪些群体,并且要提出减轻对创造力不良影响的策略。

更重要的是,这类研究为教育需求方提供了用于决策的信息依据。在了解教育干预措施的效果和副作用的基础上,教育需求方(政策决策者、教育工作者、家长和学生)可以决定采用什么样的教育干预措施和教学方法,并可以了解他们所做决定背后的潜在风险和收益。在直接教学法的案例中,如果进一步调查证实,在促进快速有效地掌握知识和技能方面的有效性是以牺牲创造力和好奇心为代价的,那么教育需求方可以选择是否、何时或在何种程度上使用它,或者是否想转向发现式学习。

特别重要的是,直接教学法对创造力和好奇心的损害是否是长期的,是否超出了即时情况。一次性的直接教学法不太可能终身抑制孩子们的好奇心和创造力,但是如果孩子们在 12 年或更长时间里只接受直接教学法呢? 这会导致他们变得缺乏创造力吗?

第四章
代价何在
东亚系统层面的副作用

　　经济合作与发展组织（OECD）教育与技能理事会主任安德烈亚斯·施莱歇尔（Andreas Schleicher）于 2016 年在美国有线电视新闻网（CNN）发表了一篇题为"亚洲学校能教给我们其他人什么"的专栏文章。在这篇文章中，他向美国人讲述了为什么应该向东亚教育体系学习以及应该从中学什么。作为世界上最大的国际教育评估项目——国际学生评估项目（PISA）的负责人，施莱歇尔认为，中国、新加坡、韩国和日本等东亚国家的教育体系在 2015 年参加 PISA 测试的 70 多个国家（地区）中是最好的。他认为东亚的教育体系对世界其他地区有很好的借鉴意义。

　　但是东亚人并不认同。《大同社会：儒家思想、中国和 21 世纪》（*The Great Equal Society: Confucianism, China and the 21st Century*）一书的合著者金定奎（Jung-kyu Kim）和金容沃（Young-oak Kim）写道，"如果有（待学习之处）的话，那应该是反过来的。东亚有很多东西可以从美国的学校体系中学习"（J. Kim & Kim, 2014）。2017 年，伊莫金·韦斯特-奈特（Imogen West‐Knights）在英国《金融时报》（*Financial Times*）上写道："对于中国的教育学家来说，西方开始对中国的教育体系表达出强烈的兴趣这一点是令人惊讶的。"因为很长一段时间，中国是在向西

方学习,事实上,整个东亚地区习惯于借鉴西方的经验改进教育(Zhao,
2015a; Zhao & Wang, 2018)。

对东亚教育的惊人崇拜

东亚人对西方突如其来的崇拜感到很惊讶,因为长期以来,西方一直是东亚追求卓越教育理念的源泉。除了 18 世纪之前,欧洲痴迷于中华文明的那个时期(Pak, 1964),在现代的大部分时期,东方都在学习(或被迫学习)西方的理念,包括教育方面。虽然今天的东亚教育有其独特的文化根源,但其基本特征,如教育的组织和传递方式以及应该教授的内容等,都是从西方借鉴而来的。

但近年来,东亚教育已经成为西方和世界其他地区改进教育时的崇拜对象以及思想来源(Zhao, 2017)。来自世界各地的热烈崇拜者和学习者纷纷前往东亚学习政策、课程、学校管理、教师和教学方面的经验。学者、政策专家、记者和普通观察者产出了大量文章、书籍、纪录片和博客文章,赞扬东亚的教育体系,并为世界各地的其他教育体系提出了广泛的建议(Bieber & Martens, 2011; Darling-Hammond & Lieberman, 2012; Figazzolo, 2009; Jensen, 2012; Lamb & Fullarton, 2002; H.-D. Meyer & Benavot, 2013; National Research Council, 1999; Nelson, 2002; OECD, 2011; Schleicher, 2013; Schmidt, 1999; Tucker, 2011, 2014)。

> 来自世界各地的热烈崇拜者和学习者纷纷前往东亚学习政策、课程、学校管理、教师和教学方面的建议。

许多建议都得到了认真对待并被落实。例如,由于中国香港、中国上海以及新加坡学生在 PISA 数学测试中的出色表现，英国已经决定让一半的小学（大约 8 000 所）采用他们的数学教学方法（Telegraph Reporters, 2016）。英国也决定引进中国的数学教科书（Qin, 2017）。美国的一些学校采用了新加坡的数学教材和教学策略（Hu, 2010）。此外，美国《共同核心州立标准》（Common Core State Standards）中关于国际基准的许多论点都是基于东亚教育体系的课程标准特点（National Governors Association Center for Best Practices & Council of Chief State School Officers, 2010）。可以肯定地说，东亚的教育体系在过去 20 年里对世界各地的教育政策和实践产生了重大影响。

有效性的证据

西方对东亚教育的热情并非毫无道理和依据。事实上，它是基于几十年来系统所收集的大量证据。第一批主要证据是在 1994 年提出的。在颇具影响力的著作《学习差距：我们的学校为何失败以及能从日本和中国的教育学到什么》（*The Learning Gap: Why Our Schools Are Failing and What We Can Learn from Japanese and Chinese Education*）中，美国密歇根大学的教育研究者哈罗德·史蒂文森（Harold Stevenson）和詹姆斯·施蒂格勒（James Stigler）展示了中国和日本学生在数学和阅读方面的学习成绩优于美国学生的证据。他们还总结了美国应该从中国和日本学到的经验，以改进其教育。

第二年，更有说服力且系统收集的证据出现了。40 多个国家（地区）参加了 1995 年举办的第三次国际数学与科学研究（Third

International Mathematics and Science Study，TIMSS），其中，东亚国家和地区的学生表现名列前茅。在四年级和八年级的数学测试中，新加坡、韩国、日本和中国香港分列前四。虽然他们在科学测试方面的表现不像数学这样如此令人惊叹，但即使如此，韩国和日本在四年级的科学测试中依旧分别排名第一和第二，而新加坡、日本和韩国在八年级的科学测试中也分别排名第一、第三和第四。2003 年，该项目更名为"国际数学与科学趋势研究"（Trends in International Mathematics and Science Study），并保留了相同的首字母缩写，这次，东亚教育体系依旧保持了他们的优势。新加坡、中国香港、韩国、日本和中国台湾在数学和科学方面都表现出色。在随后 2007 年、2011 年和 2015 年的 TIMSS 中，也是东亚教育体系的学生表现最好（Mullis et al.，1997；Mullis，Martin，& Foy，2008；Mullis，Martin，Foy，& Arora，2012；Mullis，Martin，& Loveless，2016；National Center for Education Statistics，1999）。

PISA 的结果证实了东亚教育体系的优越性。PISA 是由总部位于法国巴黎的经合组织协调开展的，2000 年首次实施，主要关注 15 岁学生在数学、阅读和科学方面的表现，偶尔也会关注其他领域，如问题解决能力。自 2000 年以来，PISA 每三年一次，现已成为世界上最大的国际教育评估项目。2015 年，约有 70 个国家/地区参加了该项目。在 2000年、2003 年、2006 年、2009 年、2012 年和 2015 年的 PISA 测试中，东亚教育体系的表现一直是最好的。比如在最近一轮评估中，数学成绩排名前七的教育体系均来自东亚，即新加坡、中国香港、中国澳门、中国台湾、日本、中国大陆和韩国。科学表现最好的前十名中，有七个来自东亚：新加坡、日本、中国台湾、中国澳门、越南、中国香港和中国大陆（OECD，

2011,2014,2016；PISA，2003,2007）。

PISA 肯定了东亚教育体系的优越性，尤其是在学业成就上，这让中国成为人们关注的焦点。中国大陆参加了 2009 年的 PISA，这也是它第一次参加大型国际评估。更重要的是，以中国大陆最发达的城市——上海为代表的中国大陆学生在三个学科领域中均表现优异，位列第一。2012 年，结果同样如此。2015 年，中国大陆参与 PISA 测试的学生范围从上海扩展至北京、江苏和浙江。尽管这一年，中国大陆的学生不再是第一名，但其在科学和数学方面的表现一如既往地令人瞩目。

PISA 的结果为中国赢得关注，其中展现出的教育体系的优越性对西方产生了强烈的影响。《纽约时报》（*New York Times*）报道称，中国大陆学生的表现"震惊"了美国专家和政治领导人（Dillion，2010）。这给美国教育部长阿恩·邓肯（Arne Duncan）带来了"彻底的警示"，并且给时任总统奥巴马带来了另一个"斯普特尼克时刻"（Sputnik Moment）[①]——暗示中国在教育方面让美国有了紧迫感，就像苏联在 1957 年发射第一颗人造地球卫星"斯普特尼克 1 号"时一举震惊了美国一样。BBC 记者肖恩·考夫兰（Sean Coughlan）针对中国学生的 PISA 表现写了一篇题为《中国：世界上最聪明的国家？》（*China: The World's Cleverest Country?*）的文章。在文章中，他总结了 PISA 项目主任施莱歇尔对中国教育的赞扬：不仅是贫困学生的考试成绩让所有西方国家羡慕，而且从整体上看，结果表明，中国的教育体系正在超越许多西方国家（Coughlan，2012）。

---

① 即人们认识到自己受到威胁和挑战，必须加倍努力、迎头赶上的时刻——译者注。

西方的政策制定者相信,东亚的教育体系是更卓越的,其中存在治疗西方教育顽疾的良药。例如,2010 年 12 月,在访问中国和新加坡后不久,英国教育大臣迈克尔·戈夫(Michael Gove)在《每日电讯报》(*The Telegraph*)上发表了一篇充满激情的时评。当他收到一本由北京一所学校的学生撰写的研究论文集时,他感到非常惊讶。戈夫(2010)写道,"中国的学校培养出的学生总体水平远高于我们自己的学生",并呼吁自己的国家进行长期且艰难的教育改革。

有一些批评者会质疑东亚教育体系多年来的卓越表现。一些人质疑 PISA 和 TIMSS 所采用方法的有效性和可靠性(Feniger & Lefstein, 2014;Kreiner & Christensen, 2014;Morrison, 2013;Stewart, 2013);其他人则对参与者的抽样表示怀疑(Loveless, 2014)。这些将东亚教育体系评定为卓越的评测项目确实存在一些问题,但这些问题并不足以否定这些教育体系的卓越学术成就。换句话说,如果考试成绩是衡量教育质量的标准,那么东亚的教育确实很出色。

亚洲模式

除了在考试中取得优异成绩外,这种出色的教育同样能"有效地"产生其他结果。但这些其他的结果往往是不愉快的、破坏性的、不受欢迎的,即东亚教育体系

> 东亚人对于西方国家向他们寻求教育改进的想法这件事感到震惊和意外。

一直在努力克服的副作用。这也是为什么东亚对于西方国家向他们寻求教育改进的想法这件事感到震惊和意外。东亚一直致力于改革长久

以来的传统教育体系,西方却突然对其青睐有加,这让他们感到困惑(J. Kim & Kim, 2014; Zhao, 2015a; Zhao & Wang, 2018)。

东亚教育的崇拜者一直努力寻找成功的秘诀,而东亚教育的批评者也同样一直在努力寻找失败的罪魁祸首。但讽刺的是,这两者是一样的。

重视教育

东亚学生之所以成功,一个公认的原因是东亚文化对教育的高度重视。马克·博伊兰(Mark Boylan)在 2016 年为《商业内幕》(*Business Insider*)撰写的文章中写道:"在东亚文化中,人们高度重视教育,并且相信成功的关键在于努力,而不是先天能力。"英国谢菲尔德教育学院(Sheffield Institute of Education)教育学教授,同时也是英国从中国上海引进师资和教学试验的纵向评估带头人博伊兰(Boylan)补充道:"东亚研究者通常认为,重视教育是该地区取得高分的最重要因素。"

其他人也同意。美国密歇根大学的哈罗德·史蒂文森(Harold Stevenson)和他的研究团队在 20 多年前写道:"几个世纪以来,中国人一直相信教育对于国家福祉和个人发展的价值。"(Chen, Lee, & Stevenson, 1996, p.83)PISA 团队得出了类似的结论:"中国重视教育的传统由来已久。"(OECD, 2011, p.86)美国《纽约时报》专栏作家尼古拉斯·克里斯托夫(Nicholas Kristof)在 2011 年指出,"中国教育体系的最大优势在于儒家对教育的尊重,这种尊重已经融入文化之中"。东亚文化都受到儒家思想的影响。因此,整个亚洲地区的教育体系都认同儒学对教育的推崇。

全心付出的父母

东亚地区对教育的高度重视导致家长对孩子教育的高度投入,这是促成亚洲学生学业成就的另一个因素。家长在孩子的教育上投入了大量的财力。即使是在义务教育阶段免费(不收学费、杂费,免费提供教科书)的情况下,中国的家庭教育支出几乎等于甚至有时超过政府在义务教育阶段的投入(Tu & Lin, 2009)。2015 年,近一半的中国家庭(大多数为独生子女家庭)在孩子的教育上花费超过 6 000 元人民币(约 1 000 美元),其中 30% 的家庭花费超过 10 000 元人民币(J. Wu, 2015)。考虑到 2015 年中国城镇家庭平均收入约为 31 000 元人民币,这一数额是相当高的。韩国的家庭教育支出也几乎与政府持平,比例为 0.8:1(Southgate, 2009)。东亚家长在子女教育上的支出占其收入的比例远高于西方父母(HSBC, 2017)。

全心付出的东亚家长更有可能让孩子在校外接受私人辅导。在中国香港,超过 85% 的中学生接受私人辅导(Bray & Lykins, 2012)。2008 年,新加坡家庭在私人辅导上的花费约为 8.2 亿新元(Bray & Lykins, 2012)。汇丰银行 2017 年进行的一项调查发现,93% 的中国大陆家长、88% 的中国香港家长、75% 的中国台湾家长以及 82% 的新加坡家长都在支付孩子的私人辅导费用,而全球平均水平为 63%。这一比例在美国为 46%,加拿大为 31%,澳大利亚为 30%,而在英国仅为 23%(HSBC, 2017)。

东亚家长也比其他地区的家长更有可能为孩子的教育做出个人牺牲。汇丰银行的这项调查还发现,中国的父母(调查包括了中国大陆、中国香港、中国台湾)最有可能因此减少或完全停止休闲活动/假期。调查还发现,中国香港、马来西亚和印度尼西亚的父母为此放弃"自我时间"(即家长的个人时间)的可能性最大(HSBC, 2017)。

勤奋刻苦的学生

父母可以提供支持,但学习必须由孩子自己来完成。学生对学业的高度投入是东亚教育的标志,也是他们取得优异成绩的直接因素。无论是受到支持、激励,还是被迫无奈,东亚学生在与学校有关的任务上付出了最大的努力。他们在学校花费的时间通常比西方同龄人要多得多。例如,根据经合组织的一份报告,以日本为例,"日本学生在高中毕业时相当于比标准的美国高中毕业生多受了几年的教育"(2011, p. 144)。他们的上学时间多很多主要是因为暑假较短,而平时的上课周数与天数较多。其他东亚教育系统的学生也有类似的经历。

除了在校时间外,东亚学生在家庭作业上花费的时间也较多。例如,上海学生每周在家庭作业上花费的时间约是经合组织平均水平的两倍(分别为 13.7 小时和 7 小时),而在校外学术研究上花费的时间约是经合组织平均水平的 2.5 倍(分别为 17 小时和 7.8 小时)。中国其他地方的学生也是如此。中国的英文类报纸《中国日报》(*China Daily*)报道称:"中国中小学生平均每天花在作业上的时间为 3 小时,是全球平均水平的两倍。"(Jing, 2015)

国家管理的标准化课程

东亚学生在国际测试中表现优异的另一个重要因素是国家管理的

标准化课程(Centralized and Standardized Curriculum)。所有东亚教育体系都有一个精心设计的课程标准框架。这个课程标准框架是国家管理的,并且是针对所有学生的。同时,这一课程标准框架也非常详细,规定了在任何给定的时间点应该学习什么内容。另外,课程标准框架是通过考试来执行的。

美国国家教育与经济中心的首席执行官马克·塔克(Marc Tucker)在考查了 PISA 中表现出众的顶尖国家(地区)后,在其著作《超越上海:美国应该如何建设世界顶尖的教育系统》(*Surpassing Shanghai: An Agenda for American Education Built on the World's Leading Systems*)中,阐述了国家管理的标准化课程对学生成绩的贡献:

> 这些国家(地区)制定了一个课程标准框架,这意味着他们从政策层面决定了应该在各年级、各科目中教授什么主题。通过这种方式,他们确保了学生学习材料的连贯性以及所有学生都为下一步的学习做好了准备。另外,在这些国家(地区),教科书出版商和教辅材料出版商编写的内容符合课程标准框架。

> 因此,实施的课程以及教师可用的教学资料都与这个课程标准框架相一致。同时,考试设计以及未来教师在教师培训机构接受的培训也与其一致(Tucker, 2011, p.175)。

高利害考试

高利害考试在东亚教育系统中很常见。严格意义上讲,唯一的高利害考试是高考,它通过决定学生可以上哪种层次的大学来"决定"他们的未来。但这种高利害考试对低年级学生有"涓滴效应",即他们也不得不采用相对应的高利害考试。一所大学的排名和声誉直接影响到毕业生能找到什么样的工作。由于一些高中在准备高考方面比其他学校做得好，家长、老师和初中生则努力通过考试进入这些高中。由于一些初中更擅长让学生进入好的高中，因此自然而然地，小学生会努力学习以便通过考试进入这些好的初中。出于同样的原因，幼儿园的孩子们也努力通过考试去更好的小学。当然，更好的幼儿园会使用各种形式的测试来选拔孩子。

> 毫不夸张地说，东亚教育体系的存在是为了让孩子们为考试做好准备。

从这个意义上说，所有的考试都是高风险的。它们是获得更好教育机会的入口。因此，毫不夸张地说，东亚教育体系的存在是为了让孩子们为考试做好准备。马克·塔克（Marc Tucker）在 2011 年指出，PISA 中所有表现出色的教育体系都有一套升学关卡和检查点系统，也就是各种测试和考试，他很好地解释了应试教育的好处：

> 在实行这种升学考试制度的体系中，每个学生都有很强的动力去学习困难的课程，并在学校努力学习。如果学生不这样做，就无法获得实现梦想所需要的证书，不管这个梦想是成为一名脑外科医生还是一名汽车修理工。因为考试是由外部评分的，学生们知道继续前进的唯一办法就是达到标准。因为这些考试由国家或省级统一标准，所以不能作弊。因为考试的质量非常高，所以无法通过"考前突击"获得好成绩，而在考试中取得成功的唯一方法是真正掌握学习内容。而且，由于相关方

> 因为考试的质量非常高，所以无法通过"考前突击"获得好成绩，而在考试中取得成功的唯一方法是真正掌握学习内容。

参与了考试制定,所以学生知道他们所获得的证书将会受到认可,当学生所在的高中说他们已经"为上大学和找工作做好了准备"时,高校和用人单位则会对此加以认同。(pp.174-175)

人为制造稀缺性和等级组织

虽然东亚教育中那些有助于学生取得高成就的因素经常被提及,但最重要的因素却没有被广泛讨论。它是推动一切运转的要素。如果没有这一要素,家长就不会那么重视教育,也不会投入如此之多。同样,如果没有这一要素,学生就不会那么努力,也就不会设计出国家管理的标准化课程或考试体系。

> 这个推动一切运转的要素……是几千年儒家思想和科举制度的历史遗留产物:人为制造的稀缺理想机会。

这一要素是几千年儒家思想和科举制度的历史遗留产物:人为制造的稀缺理想机会以及相关的分配机制(Cheng,2011;Zhao,2014)。儒家传统使人们相信,只有少数职位值得追求,而获得这些职位的唯一途径就是考试。几千年来,在中国和其他受儒家思想影响的地方,政府职位一直被视为特别值得追求的工作,因为它们不仅与权力和物质财富有关,还与社会地位有关。尽管现今报酬丰厚的工作种类已大幅增加,但人们仍然坚信,只有有限的几种职业值得追求。

任何一种职业的职位供应都是有限的;因此,如果每个人都决定追求同样的工作,那自然就会导致激烈的竞争。儒家文化中根深蒂固的等级观念使这种竞争更加激烈。尽管每个社会都是按照金字塔式的等级结构组织起来的,即少数人在权力和财富方面凌驾于多数人之上,但在儒家文化中,这种等级思想更普遍。同时在心理层面也更具影响力。首先,等级制度可以分配事物,从权力和收入到一个人在餐桌上的位置。其次,等级观念的普及性和悠久的历史让人们觉得没有任何职位具备内在价值。既然总是会有更高的层次需要达到,那么一个人的自我价值就在于不停追逐更高的层次。优秀意味着比别人更好。

等级和排名的概念在东亚非常盛行,以至于每当需要对事物做出选择的时候,人们都想知道它是否排名靠前。这适用于时尚品牌、餐馆、旅游景点、工作,当然还有学校。因此,仅仅进入正确的行业是不够的,一个人还必须力争上游才能显示出自己的成就。因此,每个人都在不断地竞争更高层次的职位,使竞争更加激烈和无情。

科举制度还产生了另一项深远影响,至今也还在发挥效用。即社会认为科举制度通过一种透明、公平和客观的方式来授予个体有权有势、利润丰厚的职位,这是一种精英政治(Young, 1958)。它给了每个人希望,因为似乎无论对谁而言,无论其背景或能力如何,只要能通过考试,就能获得这些强有力的职位。并且人们认为,只需要努力学习,就能通过考试。因此,在东亚国家,人们普遍认为努力比能力更重要(Cheng, 2011; Stevenson & Stigler, 1994)。

将教育视为"社会向上流动的途径、个人未来的希望"(Cheng, 2011, p.24)这一理念,激励或迫使家长和学生全力投入教育。但教育在东亚背景下有着特殊的意义。它意味着为通过考试做准备。由于人为营造出了好职位、好学校、好大学的稀缺性以及等级观念,教育变成了一场激烈的竞争,学生、家长和教师不断努力地去超越他人,这造就了学生、家长和教师的勤奋(Cheng, 2011; Zhao, 2014)。

　　　　　　　　　　　　　　　　　　　　　　　　　教育效果的辩证

发挥效用的亚洲模式：作用与副作用

这些要素的混合物造就了一种在有限范围内对（提升）考试成绩非常有效的干预模式。它设定了明确的目标。大家——学生、老师和家长——都明白什么才是最重要的，那就是在高利害考试中取得高分。大家都尽可能地将资源投入到实现这些目标中，并为之努力。他们不希望任何其他事情分散学生的注意力，使其从这些目标中偏移。许多孩子唯一的任务就是取得好成绩——他们不需要做家务或承担其他的责任；他们不被鼓励参加与考试成绩无关的课外活动，如体育运动、电子游戏或外出闲逛。此外，他们甚至不被鼓励阅读那些被认为对考试成绩没有直接影响的书籍。

> 许多孩子唯一的任务就是取得好成绩——他们不需要做家务或承担任何其他的责任；他们不被允许参加与考试成绩无关的课外活动……他们甚至不被允许阅读那些被认为对考试成绩没有直接影响的书籍。

很多学生往往只专注于考试，而且只关注重要科目的考试；这些科目通常包括母语、数学、英语和科学。对于那些不被计入大学入学考试的科目，他们就不会浪费时间，因为通过考试才是重要的。他们对那些不在考试范围内的特定科目的内容和技能也并不关心。此外，在考试中获得高分就是为了找到出题人所要求的正确答案。因此，很多学生和教师都专注于寻找答案，而不浪费精力去探索答案之外的知识。另外，学生们还会花时间学习应试技巧。

因此，东亚学生通常会比西方学生花更多的时间学习更少的科目。

某种程度上,他们不太因为自己的兴趣爱好而分心,也不太费心去真正理解材料,只要他们能给出正确的答案即可。他们在校内外都比较擅长并且专注于应试层面的教师授课。事实上,如果东亚学生在 TIMSS 和 PISA 等国际测试中表现不佳,这才会令人惊讶,因为这些考试仅测试了数学、科学和阅读。

TIMSS 和 PISA 收集的证据充分证明了亚洲教育模式的效果。然而,这种强有力的亚洲教育模式也切实地导致了其他结果,其中大多数是不受欢迎的不良结果。尽管这些副作用还没有通过随机对照试验进行系统研究,但已有足够的证据证明它们的存在。长期以来,东亚一直在批评并试图彻底改革自己的教育,因为它造成了损害。亚洲教育模式在帮助学生取得优异的考试成绩方面确实有效,但它同时也带来了这些损害,这就是其副作用。

失去信心和兴趣

尽管东亚学生在数学考试成绩上表现出色,但他们在对数学的信心方面却排名垫底(Ho, 2003;Leung, 2002;Zhao, 2016a,2016b,2016c,2016d)。例如,1995 年 TIMSS 的结果表示,东亚教育体系中自称在数学和科学方面"非常自信"的学生比例远低于澳大利亚、英国和美国。一直以来,东亚学生在数学方面的自信心都低于美国学生,即使美国学生在数学测试中的得分一直要低得多。

PISA 测试也显示出类似的情况。在 2012 年的 PISA 研究中,东亚地区学生报告的自信水平是全世界最低的(OECD, 2013)。在这些教育体系中,有很大比例的学生担心他们"在数学上的成绩会很差"。在韩国、新加坡、越南、中国台北、中国上海和中国香港,超过 70％的学生"同意"或"强烈同意"他们担心自己的数学成绩不好,而在奥地利、美国、德国、丹麦、瑞典和荷兰,这一比例不到 50％(OECD, 2013)。

东亚学生对数学、阅读和科学等考试科目的态度排名也较低。与其他国家的学生相比,他们对这些科目的喜爱程度较低,也不如其他国家的学生重视这些科目。另外,尽管他们的考试成绩多年来持续提高,但他们的信心和态度却没有改善,反而似乎有所下降(Zhao, 2016a, 2016b, 2016c, 2016d)。

这些发现似乎与直觉相悖,因为更合理的状态是期望高分能让学生更自信,对科目更感兴趣。事实上,教育系统中就是如此。例如,TIMSS报告了考试分数与个人在教育系统中的信心和态度之间的正相关关系(Loveless, 2006a)。换句话说,就个体而言,成绩较高的学生往往在教育体系中更有信心。

因此,东亚学生信心不足可能是受到教育体系的影响。当然,这些教育体系中依旧会有一小部分学生对自己的数学有信心。这并不一定意味着在这些教育体系中表现优异的学生信心较低,反之亦然。相反,这意味着这些教育体系在帮助学生取得优异的考试成绩的同时,也在某种程度上使得其中很大一部分学生失去了对数学、科学和阅读的信心与兴趣。

因此,我们可以合理地推测,这些教育体系可能会有效地帮助学生取得优异的成绩,但也会切实地降低他们的信心和兴趣。它们有助于提高考试成绩,但也阻碍了信心和兴趣的发展。

东亚教育模式至少有三种机制可能导致学生信心和内在兴趣的

丧失。首先,竞争思维和排名会让学生觉得他们永远都不够好,因为总有人比他们更好。其次,对考试通过的关注弱化了学习科目本身的乐趣和内在价值。最后,只关注考试成绩会让那些在考试方面表现不佳,但在其他方面可能表现出色的学生对所学科目失去信心和兴趣,因为除了考试成绩以外,他们无法证明自身的优秀。

> 对通过考试的关注弱化了学习科目本身的乐趣和内在价值。

　　这些假设还没有得到大规模和纵向研究的证实,但已经有了初步的证据。证据之一是东亚教育体系中学生的信心与考试成绩之间呈负相关。在 2003 年的 TIMSS 中,4 年级和 8 年级学生的数学成绩与其对该学科的信心呈显著负相关,分别为 $r=-0.59$ 和 $r=-0.64$(Loveless,2006a)。各国(地区)学生平均分数与学习乐趣之间也呈负相关(4 年级 $r=-0.67$,8 年级 $r=-0.76$)。在 PISA 分数和学生的非认知能力之间也存在类似的负相关关系。"似乎高分国家(地区)的学生对学习科目的态度也是最消极的"(Sjoberg,2012,p.1)。例如,在 2015 年的 PISA 结果中,东亚各个教育体系的学生在科学方面的自我效能感与其学科成绩之间存在显著的负相关(OECD,2016)。此外,研究也发现,学生的 PISA 成绩与其创业信心和意图呈显著负相关(Zhao,2012a)。

　　学生信心的缺失在东亚教育体系中引起了严重的担忧。2011 年 TIMSS 结果公布后,新加坡教育部(2012)指出:"尽管我们的学生表现较好,但他们在这些学科领域表现出的信心比其他教育体系的同龄学生更低。"韩国学生一贯表现出低自信和低兴趣,"这表明韩国教育工作者的一个重要目标是把注意力转向教育的情感方面"(K. Kim,2010,p.

274），因为"情感变量不仅在学科学习中很重要，而且其本身也非常重要"（p. 280）。

学生在考试中获得高分，但对相关科目缺乏信心和兴趣这一点，中国香港也有类似的情况。例如，香港大学（Hong Kong University）教授梁贯成（Frederick Leung）表示，尽管中国香港的学生擅长"取得高分"，但兴趣的缺失令人担忧。梁教授在接受当地报纸《英文虎报》（*The Standard*）的采访时表示，"学生被要求满足父母和社会的期待。然而，兴趣是非常重要的，因为我们现在谈论的是终身学习。一旦没有了考试，学生就会失去学习的兴趣"（Leung, 2013）。

幸福感的丧失——近视、焦虑、抑郁和自杀

与信心丧失有关的另一个潜在副作用是对东亚学生的身体、社会和心理健康的伤害。众所周知，东亚的学生承受着巨大的压力，他们没有足够的时间和机会去参加其他体育活动和社会活动。经常有报道关注教育体系对儿童健康以及社会和心理健康的影响（Carey, 2015；Jiang, 2010；Zhao, 2009）。

比如，东亚儿童的健康状况令人担忧，他们有更高的近视率。一项研究发现，高达90％的亚洲儿童都患有近视，包括中国大陆、中国台湾、日本、新加坡和韩国的儿童，而英国儿童的总体近视率不到30％（Carey, 2015）。在心理上，他们会受到焦虑、自杀念头和抑郁的折磨（Carey, 2015；Jiang, 2010；Zhao, 2009）。相关研究和调查发现，有部分学生曾有一闪而过的"结束自己生命"的想法（Carey, 2015；"Suicide the Leading Cause", 2007）。

东亚学生的幸福感普遍低于世界其他地区的同龄人。2017 年,经合组织发布了一份关于参加 2015 年 PISA 测试的 70 多个教育体系的学生幸福感的报告。报告显示,东亚教育体系下的学生"对生活的满意度"明显低于西方国家的学生。就学生生活满意度的平均得分而言,韩国(6.36 分)、日本(6.80 分)、中国大陆(6.83 分)、中国香港(6.48 分)、中国澳门(6.59 分)、中国台北(6.59 分)均显著低于经合组织的平均水平(7.31 分)。另外两个参与 PISA 的东亚教育体系(新加坡和越南)没有公布相关数据。相比之下,美国学生的生活满意度得分为 7.36 分,荷兰为 7.83 分,芬兰为 7.89 分。

东亚学生报告的学业焦虑水平也明显高于 2015 年 PISA 的平均水平。中国大陆学生的学业焦虑指数为 0.2,日本为 0.3,韩国为 0.1,中国香港为 0.3,中国澳门为 0.4,中国台北为 0.4。新加坡学生最为焦虑,焦虑指数为 0.6(OECD, 2017)。

东亚学生对学校的归属感也明显较低。PISA 报告显示,中国澳门、中国香港、中国大陆和新加坡的归属感排名最低。相比之下,西班牙、奥地利、瑞士和德国的学生对学校的归属感非常强(OECD, 2017)。

人才多样性的丧失

有关亚洲教育干预措施的副作用,还有一点较少被提及,即它可能会导致人才多样性的丧失。由于教育领域对副作用的关注不足,目前还没有直接的实验证据证明这一副作用。然而,有强有力的历史和宏观数据可供参考。

工业革命以前,中国在很多方面都处于极其先进、繁荣的水平,尤其在技术创新方面远远领先于其他国家，英国剑桥大学（Cambridge University）汉学家李约瑟（Joseph Needham）撰写的《中国的科学与文明》（*Science and Civilisation in China*）系列 24 卷本中就有力地记载了这一点（Needham，1954）。

世界银行前副行长、中国北京大学经济学教授林毅夫断言："大多数学者认为，早在明朝初期（14 世纪），中国就已经获得了 18 世纪英国工业革命所必需的所有主要元素。"（2006，p.5）换句话说，中国几乎比英国提前 400 年，就为工业革命做好了准备。"然而，工业革命却不是发生在中国，而是在英国。中国经济很快就被西方国家超越并甩在身后了。"（J. Y. Lin，2006，p.5）

但是为什么工业革命没有在最先具备所有主要条件的中国开始呢？许多学者提出了类似的问题："为什么中国曾经领先于其他文明？"以及"为什么近代中国没有领先于世界其他国家？"

科举制度的创立帮助中国在古代成为了一个强大且技术发达的帝国，同时它也是（阻碍）中国未能发动工业革命的原因（Zhao，2014）。在系统地检验了一些如"中国缺乏科学革命是由于经济原因（土地与人口的比例或当时压抑的政治环境）"的现有假设之后，林毅夫（2006）发现科举制度才是真正的原因：

> 由于这种考试制度，好奇的天才们无法专注于学习数学和进行控制实验。由于这种制度，天才们无法积累对科学革命至关重要的关键人力资本。因此，对自然现象的发现只能基于零星的观察，而不能上升到建立于数学和控制实验基础之上的现代科学。（pp. 12-13）

从本质上说,阻碍近代中国不断创新并引领人类进入新时代的是其伟大发明——科举——的副作用(Zhao, 2014)。科举是一项强有力的干预措施,在推动人口同质化和提高服从性方面非常有效,从而维持了一个伟大的农业帝国。一个追求稳定的农业社会需要的是高度同质、具有服从性的公民群体,而不希望他们背离或挑战权威。但是,科学发现和技术创新需要多样化的人才,需要他们背离和挑战现有的秩序。

现代的亚洲教育干预模式,即西方所钦佩并希望借鉴的教育干预,也有相似的影响——这样的体系一方面帮助了学生在 PISA 和 TIMSS 中取得高分,同时也导致了人才多样性的减少。人类生来就有不同的才能和需求,这些先天差异与他们的经历交互作用,创造出了各种独特的、差异化的能力和兴趣(Gardner, 1983, 1993; Reiss, 2004, 2008; Ridley, 2003; Rose, 2016; Sternberg, 1988; Zhao, 2018)。在一个重视同质化的教育体系中,这种多样性会通过多种方式大大减少。

首先,标准化课程限制了学生只接触课程中包含的知识和技能,剥夺了他们发现自己的天赋和兴趣的机会。正如一位香港大学的教育学教授在观察上海学生时所指出的:"比如,他们很少与自然直接接触,对社会的一般化经验也很少。"(Cheng, 2011, p.34)因此,许多孩子甚至不知道自己擅长什么或对什么感兴趣,这已成为东亚经常报道的问题——许多学生不知道自己的优势或兴趣,因此不知道在大学里应该学习什么。即使孩子偶然发现了自己的优势,严格执行的课程也没有为孩子提供进一步发展这种优势或兴趣的空间。

其次,频繁的考试,即马克·塔克(2011)所称赞的以高绩效体系为特征的升学制度关卡,使得很多学生不去探索超出考试范围的内容。由于考试的高利害性,家长和教师的职责是确保孩子们不会浪费时间去学习考试范围外的内容。更重要的是,这些考试只认可那些擅长考试科目和应试的人。在其他领域有才华或对学习规定科目不感兴趣的个体会受到该体系的压制或排挤(Zhao, 2009, 2014, 2015b, 2018)。

最后,接受亚洲式教育的学生可能会进行自我审查。为了取悦(或出于害怕激怒)家长和老师,那些可能在规定科目以外的领域有才华和兴趣的孩子不得不隐藏、压制或直接放弃自己的才能或兴趣。他们的父母或老师可能会安慰他们,并告诉他们可以在通过高考后追求自己的兴趣和才能,但对于一些人来说可能为时已晚,因为那时他们可能已经失去了兴趣或失去了发展才能的机会。

> 为了取悦(或出于害怕激怒)家长和老师,那些可能在规定科目以外的领域有才华和兴趣的孩子不得不隐藏、压制或直接放弃自己的才能或兴趣。

东亚教育之所以会减少人才的多样性,是因为其同质化的意图。教育体系在同质化方面越成功,学生取得的考试成绩就越高,同时也就会更确切地消除学生的多样性。这就是为什么金(J. Kim)和金(Kim)说,爱因斯坦无法在韩国的教育体系中生存下来,因为他不会被韩国的名牌大学录取,也无法在只雇佣名牌大学毕业生的三星集团找到工作(J. Kim & Kim, 2014)。这也是为什么史蒂夫·乔布斯(Steve Jobs)如果出生在中国,他就不会成为史蒂夫·乔布斯(Zhao, 2012a);以及为什么与史蒂夫·乔布斯共同创立苹果公司的史蒂夫·沃兹尼亚克(Steve Wozniak)在2011年接受英国广播公司(BBC)采访时表示,苹果公司不可能在新加坡创建发展起来。

对创造力的抑制及其丧失

除了消除和抑制人才的多样性之外,东亚的教育体系还有效地抑制了学生的创造力,而创造力正是当今普遍追求的宝贵财富(Florida,2002,2012;Zhao,2015b)。但在这里,我们再次面临同样的问题,即缺乏来自纵向研究的直接实验证据用于构建亚洲教育体系和创造力之间的因果关系。但基于历史证据和对创造力发展或丧失的研究,我们可以合理地怀疑东亚教育对创造力的负面影响。

东亚地区缺乏创造力是该地区内外普遍公认的问题(Barber,Donnelly, & Rizvi, 2012;K. H. Kim, 2005;Zhao, 2009,2014)。未来东亚是否会在创造力方面领先仍有争议,但可以肯定的是,在 PISA 和 TIMSS 中表现出色的东亚教育似乎并没有带来同等水平的创造力。事实上,我们有充分的理由相信,它在很多方面都在主动地抑制创造力。

首先,创造力不仅仅是一个认知过程。它与非认知技能也有很大关系(Zhao,2012a)。人们发现,在工作中,自信、韧性、毅力、心态、个性特征、社交技能和动机至少与认知技能同等重要(Brunello & Schlotter,2010;Levin, 2012)。东亚的教育体系迫使学生把很多时间都花在应试上,几乎没有时间去培养非认知技能和特质。

其次,考试强调的是找到正确答案并以预期的方式给出答案的能力。为了获得好成绩,学生需要学会猜测考官想要什么,并给出令考官满意的答案。换句话说,好成绩是用正确的方式给出正确答案的结果。取得好成绩就是遵从权威。寻找和给出预定的答案是与创造力背道而驰的,后者需要有能力找到新的解决方案并提出以前未曾提出的问题。因此,东亚学生非常擅长处理明确的问题。只要他们知道自己需要做什么才能满足期望，并且有例可循，他们就会做得很好。但是在结构性较弱的情况下，当缺乏可以借鉴的惯例和公式时，他们就会面临很大的困难。换句话说，他们擅长以可预见的方式解决现有问题，但不擅长提出全新的解决方案或创造有待解决的新问题。

然后，东亚教育体系用外在的功利性动机取代了学生的内在动机。通常，他们关心的不是自己学到了什么，而是通过向权威证明自己学到了权威想让他们学到的东西后，能得到什么。获得证书比实际学习更重要——这也解释了为什么考试作弊会存在（Cheng，2011；Zhao，2014）。虽然在学生们对这门学科毫无兴趣或热情的情况下，向他们灌输基础技能和知识也是有可能的；但如果学生既没有兴趣也没有激情，就不可能强迫他们去创新或追求卓越。

最后，创造力研究证据表明，教学实践在培养或抑制创造力方面发挥着重要作用（Beghetto & Kaufman，2010；Gajda，Beghetto，& Karwowski，2017）。例如，一项针对教师行为和创造力的研究发现，学生和教师之间以及学生和学生之间的扩展型与探索型互动促进了创造力的发展，而指导型和快速结束型的互动模式往往会扼杀创造力（Gajda et al.，2017）。快速摒弃学生的新颖想法和未能发掘学生的创意是一种对学生创造力的"软杀伤"（Beghetto，2013）。东亚课堂在追求良好考试成绩时通常涉及更直接的教学。如直接教学法研究所示，这种教学法可以有效地灌输知识，但也会导致学生新颖的想法被摒弃，因为这些想法（被认为）会导致学生从掌握必须习得的知识中分心。

> 快速摒弃学生的新颖想法和未能发掘学生的创意是一种对学生创造力的"软杀伤"。

小结

东亚教育体系确实非常有效地帮助学生在有限的科目中取得了优异成绩,但随之出现的是学生信心不足、满足感降低、创造力下降以及人才多样性的弱化。我们有初步的证据和充分的理由相信,这些是亚洲模式一体两面的效果和副作用。因此,政策制定者和实践者需要认真考虑其作用是否大于副作用。

第五章
可见学习的"兔子洞"
潜伏的隐性副作用

  2008 年,沃里克·曼塞尔(Warwick Mansell)在英国百年老牌教育杂志《泰晤士报教育副刊》(*Times Education Supplement*,TES)上指出:"教育界一直存在一个永恒的问题,它或许相当于教育界对圣杯的探寻——或者对生命、宇宙和一切事物答案的追求。数千年来,教师和教育家们一直在思考这个问题,即如果你能改变教育系统的一件事,你会改变什么?"曼塞尔提到,"现在,一项被认为是有史以来最大规模的教育研究已经得出了答案。这项研究涵盖了 8 000 多万名学生,并汇集了 5 万多项小型研究"。

  有一本名为《可见的学习:对 800 多项关于学业成就的元分析的综合报告》(*Visible Learning: A Synthesis of over 800 Meta-Analyses Relating to Achievement*)的书,作者是当时新西兰奥克兰大学的教育学教授约翰·哈蒂(John Hattie, 2008),可以将其视为曼塞尔所提及的教育界的圣杯。这本书报告了哈蒂对 800 多项与学生成绩相关的研究进行的元分析结果。尽管哈蒂在书中表示,他想要提供"一个解释性的故事,而不是'什么方法有效'的配方"(p. 3),但这本书最终被认为或至少在许多读者眼中是一份教育领域的有效方法列表或最佳方法列表

（Bergeron，2017）。

基本上，哈蒂对其他元分析研究进行了元分析，即某种意义上的荟萃元分析（Meta-Meta-Analysis）。元分析本质上是一种统计方法，用于合并许多研究的结果。它已被应用于许多领域，以找到所有现有科学证据都支持的普遍真理。哈蒂的综合分析列出了 130 多种影响学生学业成就的因素。他计算了每种因素的效应大小，发现所有干预措施的平均效应大小为 0.4；他用这个"锚点"来判断影响的有效性。他根据效应大小对这些因素进行排序，得出了在教育领域中效果最好或较好的因素列表。

哈蒂继续他的研究工作，并在 2012 年出版的著作《可见的学习：最大程度地促进学习（教师版）》（*Visible Learning for Teachers: Maximizing Impact on Learning*）和 2015 年发表的文章《可见的学习对高等教育的适用性》（*The Applicability of Visible Learning to Higher Education*）中发表了他最新的研究发现。前述因素列表从最初的 138 个增加到 150 个，然后在他 2015 年的文章中又增加到 195 个。哈蒂将这些因素分为六个方面：学生、家庭、学校、课程、教师和教学。但由于他对"在学校中无法产生影响的事物"不感兴趣（Hattie，2008，p. viii），他的书是关于学校和教师可以做些什么来帮助学生学习的。

在哈蒂研究的六个领域中，教师对学生学习的影响最大。三个最有效的因素是(1)自评成绩，(2)皮亚杰式的认知教学法，(3)形成性评价。影响较弱的因素包括(1)不同年龄/年级混龄教学，(2)学生对学习的掌控，(3)开放式与传统式教学的对比。最负面和最具破坏性影响的因素是(1)留级，(2)电视，(3)家庭流动（搬家）。有兴趣的读者可以在可见的

　　　　　　　　　　　　　　　　　教育效果的辩证

学习网站上查看影响列表及其效应量①。

这个影响列表及其效应大小的本质就是所谓的教学的"圣杯",也正是沃里克·曼塞尔在 2008 年的《泰晤士报教育副刊》文章中提到的有效教学方法的答案。在一个相信万灵药的领域,哈蒂的工作(即使用大量的数字、对复杂问题的简单答案以及令人印象深刻的演示)正是教育政策制定者、学校领导者和实践者一直在寻找的。因此,《可见的学习》像野火一样在全球迅速传播。约翰·哈蒂和他的《可见的学习》受到了世界各地很多政策制定者和实践者的拥护。在那个四年前曾将《可见的学习》称为"教育界的圣杯"的《泰晤士报教育副刊》杂志上,达伦·埃文斯(Darren Evans, 2012)写道,"他不是救世主,但对许多政策制定者来说,他已经很接近了。约翰·哈蒂可能是世界上最具影响力的教育学者,他的观点得到了世界各地政府的支持"。

> 《可见的学习》像野火一样在全球迅速传播。

当然,哈蒂和他的作品并非没有受到批评。相反,作为学者的哈蒂和作为一项颇具影响力的学术作品的《可见的学习》已经受到了不同角度的批评(Bergeron, 2017; Brown, 2013; Snook, O'Neill, Clark, O'Neill, & Openshaw, 2009; Terhart, 2011)。最严厉和最具破坏性的批评涉及哈蒂得出结论时所用的方法。例如,英国伦敦国王学院(King's College London)的计算教育研究员尼尔·布朗(Neil Brown)指出了哈蒂在效应量方面存在的诸多方法论缺陷。布朗(2013)指责哈蒂对不同研究和干预措施的效应量求平均值和作比较是不妥当的,这相当

---

① 参考 visible-learning. org/nvd3/visualize/hattie-ranking-interactive-2009-2011-2015. html。

于把苹果和橘子混淆在一起。德国明斯特大学(University of Munster)教授埃瓦尔德·特哈特(Ewald Terhart, 2011)审查了哈蒂的工作并得出结论:"很明显,哈蒂实际上并没有找到学校教育、教学和教师研究的圣杯。"(p. 436)

最严厉和最具破坏性的批评涉及哈蒂得出结论时所用的方法。

　　情况变得愈发糟糕。加拿大渥太华大学统计学家皮埃尔-杰罗姆·伯杰龙(Pierre-Jerome Bergeron)在一篇题为《如何用真实数据从事伪科学:从统计学家的角度批评约翰·哈蒂〈可见的学习〉中的论点》(*How to Engage in Pseudoscience with Real Data: A Criticism of John Hattie's Arguments in Visible Learning from the Perspective of a Statistician*)的文章中指责哈蒂从事伪科学。伯杰龙(2017)指出了一系列方法论错误,它们威胁到了哈蒂结论的基础。例如,伯杰龙断言,"哈蒂的方法在统计上并不复杂";"他……能够用一个公式将相关性转换为Cohen'd(效应量指标)……,而不了解使这种转换类型有效的先决条件。他犯了许多错误"。在详细解释了哈蒂的统计错误之后,伯格龙得出结论:"很明显,约翰·哈蒂和他的团队既不具备进行有效统计分析所需的知识,也不具备进行有效统计分析所需的能力。任何人都不应复制这种方法,因为我们绝不能接受伪科学。"(Bergeron, 2017)

但是,它对世界各地教育政策和实践已经产生了广泛影响,并且该影响还可能日益增强。这引起了人们对一个更大问题的关注:副作用。

　　哈蒂的《可见的学习》究竟是教育的圣杯还是伪科学,这无疑是一个值得探索的重要问题。但是,它对世界各地教育政策和实践已经产生了广泛影响,并且该影响还可能日益增长。这引起了人们对一个更大问题的关注,即对学生学业成就以外的其他教育结果副作用的关注。哈蒂(2008)明确表示,他的综述只关注学生的学业成就,而教育应该有许多结果。

> 从一开始就至少需要注意两个关键的附录。当然,学校教育有很多结果,比如态度、身体状况、归属感、尊重、公民意识和对学习的热爱。这本书侧重于学生的学业成就,这是本综述的局限。(p.6)

换句话说,无论哈蒂提出的因素列表的效度如何,影响都只局限在学业成就上。对其他教育结果的影响并未得到研究。因此,我们不知道哈蒂发现的对学业成就有很大积极影响的因素是否会对其他结果产生负面影响,比如对学习的热爱,或者哈蒂发现的那些对学业成就有负面影响的因素,实际上可能会对其他结果产生积极影响,比如归属感和公民意识。

然而,政策制定者和实践者似乎忽略了哈蒂的免责声明。他们将只涉及一种结果的《可见的学习》与必须实现多种结果的整个教育经历等同起来,而不考虑《可见的学习》对其他结果可能产生的不良副作用。但副作用是不可避免的。

多种教育结果

学校有责任培养那些被认为对社会成功运作有价值的品质。当然,不同社会对于"有价值的"和"可取的"之理解存在很大差异，但很难相信有哪个现代社会会认为只有一种品质值得培养。比如，世界上不存在只教授一门科目的教育体系。通常来说，现代学校教授一系列核心科目，如公民科、数学、科学、语言、社会科学和人文学科。另外，这通常还包括其他科目，如艺术、音乐、体育、技术/计算机、经济学等。这些学术课程通常包括教育体系中以某种形式的课程标准框架规定的内容和技能。因此，学校有责任确保学生掌握规定的内容和技能。虽然学校经常被明确要求对学业成绩负责，但也被要求（有时可能是隐含的）带来积极影响或至少不损害其他结果，比如社会情感健康和身体健康。

此外，最近的社会变化促使人们呼吁学校扩大显性教育结果的定义，从而将超越传统学术内容知识的素质发展也囊括其中。例如，当前美国学校普遍接受的目标之———大学和职业准备的定义——包括五个类别：学术知识；批判性思维/问题解决；社会情感学习、协作和/或沟通；坚韧/韧性/毅力；公民意识和/或社区参与（Mishkind，2014）。21世纪技能联盟（The Partnership for 21st Century Skills，2007）已经说服了许多学校和政策制定者认可4C的重要性——沟通（Communication）、协作（Collaboration）、批判性思维（Critical thinking）和创造力（Creativity）。个人品质也被认为是必不可少的（Duckworth & Yeager，2015）。其他的结果也被提出：创新（Wagner，2008，2012），创业精神（Aspen Institute，2012；Zhao，2006，2012a），创造性地应对不确定性的能力（Beghetto，2017），成长型心态（Dweck，2006）以及社会情感能力（Wentzel，1991）。

所有这些都是有价值的、可取的结果。所有现有的和拟议的知识、技能、才能、态度和能力背后都有令人信服的理由。所有的学生都应该具备这些。但有一个重要的问题。所有的学生都能具备这些吗？他们能以同样的速度获取这些吗？一项政策或实践能对所有这些结果产生同等和同时的积极影响吗？这取决于许多结果之间关系的性质。

一个生态学的隐喻

教育干预措施和医疗干预措施一样，既能带来收益，也会产生伤害。这一假设不仅基于新兴证据，还基于对不同结果之间关系本质的逻辑分析。生态学为理解不同结果之间的关系提供了一个有用的框架。生态学家已经确定了两种生物之间五种重要类型的交互作用：（1）竞争——两个生物对彼此都有一定的负面影响；（2）掠夺——一方为积极影响（掠夺者），另一方为消极影响（猎物）；（3）寄生——一方为消极影响（宿主），另一方为积极影响（寄生虫）；（4）共生——一方为积极作用（共生体），另一方无影响；（5）共栖——对双方都有积极影响（Odum，1997）。

我们不要把生态学的隐喻引申得太远，而是可以把每个学生想象成一个生态系统，其中不同的品质像有机体一样交互作用。不同的品质（预期的结果）可以被想象成拥有类似于生态系统中生物的关系类型。不同的教育结果或预期品质之间可能存在四种类型的关系。

竞争关系

两种结果相互竞争资源。在生态系统中，蜥蜴和青蛙相互竞争，因为它们都会吃小昆虫。这是一种输赢的关系。这种关系始终存在于教育结果之间。例如，不同的学科不断竞争时间、其他教学资源以及学生的注意力。学生不能同时花时间在音乐和数学上,因为时间是一个常量。出于同样的原因,学校不可能在不占用其他活动时间的情况下增加数学或阅读的时间。增加一门科目的时间必然会减少其他科目的时间。正如《不让一个孩子掉队》法案的效果所证明的那样,学校增加了数学和阅读的时间,但他们不得不从其他科目和活动中抽出时间,比如社会研究、科学、艺术、音乐,甚至课间休息时间。

掠夺关系

所期望的结果也可能是一种掠夺性的关系。在生态系统中,掠夺关系是指捕猎者的成长依赖于猎物的消失。这也是一种输赢的关系。例如,不同的鸟类通过吃蚯蚓、昆虫或鱼来获得能量。教育结果之间存在一种掠夺性关系,因为某些结果的增长取决于其他结果的减少。例如,服从和顺从程度的提高依赖于质疑现状和权威或自我意愿表达的减少。一个人不可能既顺从又富有创造力。学习成绩通常反映了一个人遵循指示并提供预定答案的意愿,而创造力更多地反映了一个人质疑现状和表达自己观点的信心和勇气。因此,专注于提高学习成绩的教育策略可能会损害创造性表达。有证据表明(如 Pretz & Kaufman, 2015),以高中班级排名为形式展现的高水平学习成就可能以牺牲创造力和信心为代价。

> 教育结果之间存在一种掠夺性关系,因为某些结果的增长取决于其他结果的减少。

共生关系

有些结果可以从其他结果中获益,而不会对其他结果产生利益

　　　　　　　　　　　　教育效果的辩证

或伤害。生活在珊瑚礁中的透明虾就是这种关系的一个生态学例子。珊瑚礁为虾提供伪装的便利，但自己不会从这种关系中得到任何好处或伤害。这是一种获益—中立的关系。在教育中，这种关系也存在，因为某些结果的改善依赖于其他结果的增加，但这种关系是单向的。例如，有证据表明，毅力和成长型心态可以提高学业成绩（Claro, Paunesku, & Dweck, 2016; Duckworth, Peterson, Matthews, & Kelly, 2007），但几乎没有证据表明，学业成绩会增加或减少毅力和成长型心态。

共栖关系

有些品质之间也可能存在一种相互受益的关系。生态学中这种关系的一个例子是蜜蜂和花朵的关系，蜜蜂从花朵中获得花蜜，反过来蜜蜂传播花粉使植物得以繁殖。这是一种双赢的关系。在教育中，结果之间也存在互惠关系。例如，自主性和情感健康可能是相互增强的。当一个人能够体验到更多的自主性时，他或她在心理上会感到更加幸福（Ryan & Deci, 2017）。

结果之间的关系类型如图 5.1 简化呈现的那样。在四种可能的关系中，有一种是相互增强的，这意味着旨在改善一种结果的干预措施可以改善另一种结果，这是一种积极的副作用。一种是共生关系，意味着努力增加一种结果不会对其他结果产生帮助或伤害，因此没有副作用。其他两种类型的关系表明，旨在改善一种结果的干预措施可能会损害另一种结果的发展，从而产生不利的副作用。

	结果 X	结果 Y
竞争关系	＋	－
掠夺关系	＋	－
共生关系	＋	0
共栖关系	＋	＋

图 5.1　两种结果之间的关系类型

显然,一个人不可能在追求所有结果时都取得同样的成功,一种干预措施也不可能对所有结果都产生积极的影响。不幸的是,由于缺乏对教育中潜在副作用的关注,我们缺乏足够的数据来检验一种干预措施对于不同的、潜在负相关的结果的效果和副作用。现有的大多数证据都是对于单一结果的影响或所缺乏的影响。因此,我们对其他结果的不良影响知之甚少。《可见的学习》的发现、直接教学法的研究以及其他教学策略和政策的研究都是如此。

> 如果其他结果对人生成功更重要,那么政策和实践的价值是否应该根据它们对其他结果的影响来评判,而不是或至少不仅仅是基于学业成绩?

然而,对不同教育结果之间关系性质的分析得到了大量新兴证据的支持,这足以让政策制定者、教育工作者和研究者保持谨慎。它提出了一些重要的问题,例如不断扩大的结果列表是否应该适用于所有学生,或者学校是否应该为实现所有结果负责。更重要的是,如果其他结果对人生成功更重要,那么政策与实践的价值是否应该根据它们对其他结果的影响来评判,而不是或至少不仅仅是基于学业成绩?

　　　　　　　　　　　　　　　教育效果的辩证

结果 vs.结果：追求学业成就的副作用

学业成就通常被定义为学生对预期知识和技能的掌握，这些知识和技能通常是教育体系通过课程或标准规定的，并且通常在课堂上得到解释和实施。学业成就是针对特定学科的，但也有一些通用的框架旨在定义和分类跨学科的学习目标。例如，布鲁姆（Bloom）的教育目标分类法（Bloom, Englehart, Furst, Hill, & Krathwohl, 1956）及其修订版（Anderson & Sosniak, 1994；Anderson et al., 2001；Krathwohl, 2002）被广泛用于指导跨学科教学目标的制定。同样，加涅（Gagné, 1968）的学习层次分类也被使用，尽管其范围相比之下较小。

如此定义的学业成就可能与一些其他教育结果存在掠夺性或竞争性的关系，因为学业成就的特征与一些可能更重要的结果形成直接对立。因此，努力提高学业成就可能会导致其他非学业性结果的减少，而这些结果可能对个人和社会更重要。我们可以通过分析学业成就和其他结果之间的关系来研究旨在提高学业成就的干预措施的潜在副作用。

同质化 vs. 多元化

学业成就是为了使个体同质化。所有提高学业成就的干预措施的最高目标是确保所有学生以相同的速度掌握预期内的所有知识和技能。因此，干预措施对学业成就的有效性是通过干预措施在给定时间内成功地让所有学生掌握所有规定知识和技能的程度来评估的。这可以用效应量计算公式[①]来说明,这是评估干预效果的首选指标。干预措施的效应量取决于改进水平(实验组和对照组之间的平均差异)和学生之间的差异。简单地说,如果一项干预措施只对某些学生产生了非常显著的改进作用,那么平均差可能很大,但其效应量却很小(因为差异很大)。因此,为了使干预措施有效,它必须能够消除个体差异。

教育干预措施在规模、持续时间和影响方面各不相同。它们不仅可以是教授乘法表的策略或提高阅读能力的直接教学法项目,也可以是具有更大影响的政策,例如《不让一个孩子掉队》法案,甚至还可以是教育体系,比如东亚的一些教育体系。无论大小如何,它们对学业成就的有效性都以相同的方式衡量,即考查它们在使个体同质化方面成功的程度。PISA 和 TIMSS 等国际评估项目通过考查学生在阅读和数学等内容领域的平均分和差异来判断教育体系的有效性。平均分较高且差异较小的教育体系被认为是更好、更有效的教育体系或干预措施。

才华抑制

才华抑制可能是提高学业成就干预措施中最严重的副作用之一。由于先天(天赋)和后天(培养)的交互作用(Ridley, 2003),人们在多个维度上存在很大差异。他们拥有不同的才华和技能(Gardner, 1983, 1993; Sternberg, 1988),并且在不同领域拥有差异化的能力(Rose, 2016)。他们的动机和兴趣也各不相同(Reiss, 2004; Zhao, 2018)。他们也有不同的个性和思维方式(Dweck, 1999; John, Robins, & Pervin,

---

① 效应量=[(实验组均值)-(控制组均值)]/标准差。

2008）。当然，他们与特定学科相关的技能和知识（水平）也各不相同。

时间是一个常量。

当然，并不是所有的学生在学习相同学科时都有同样的才华或兴趣。也不是所有的学生都相信学业成就的价值。此外，正如能力倾向与教学处理交互作用（ATI）的研究表明，并非所有的学生对相同的干预措施都有相同的反应。但是，旨在提高学业成就的干预措施必须有效地让所有儿童在学习同一门学科时都学得一样好。因此，那些不够有才华、兴趣不高和动机不足的学生被迫花费更多的时间来提高他们在必要科目上的成就。正如前面所讨论的，时间是一个常量。那些愿意顺从的学生不得不从他们可能有才华和兴趣的事物中抽出时间。那些不愿意顺从的学生会被认为学业失败，并会被剥夺进一步学习的机会。

此外，在少数学科中取得不错学业成就的学校几乎没有为那些可能在规定学科之外的领域拥有才华的学生提供探索和发现自身才华与兴趣的机会。他们可能永远都不知道自己的才华和兴趣是什么。相反，他们只知道自己不擅长什么或对什么不感兴趣。

鉴于学业成就在分配机会和社会资源方面的重要性，那些在（规定）学科之外的领域有才华的学生可能会因为学业表现不佳而无法寻求进一步学习的机会，例如大学和研究生学习。在一个注重文凭的社会中，他们可能永远没有机会和资源来发展他们的才能并追求自己的兴趣。因此，这些学生的才华将被抑制，他们的兴趣和热情将被扼杀。

那些在（规定）学科之外的领域有才华的学生……可能永远都不知道自己的才华和兴趣是什么。

所有的教育体系中都存在才华抑制的现象，但在那些强调少数学科学业成就的教育体系中更为常见。正如第四章所讨论的，东亚的教育体系因其对学业成就的狭隘定义、国家标准、高利害考试以及激励家长、学生和教师去追求学业成就的整个机制，而经受了最严重的才华抑制。

才华抑制对个体学生是有害的。从本质上讲，它剥夺了那些可能在非学术方面有才华的孩子发挥其潜能的机会。这对社会也是有害的。现代社会的繁荣需要人才的多样化，随着依赖同质化知识和技能的工作越来越多地被智能机器所执行，对多样化人才的需求也日益增加（Florida, 2012；Page, 2007；Rose, 2016；Zhao, 2015a）。然后，当狭隘地关注学业成就并寻求同质化时，副作用就不可避免地会出现——才华抑制和多样化人才丧失。

> 当狭隘地关注学业成就并寻求同质化时，副作用就会不可避免地出现——才华抑制和多样化人才丧失。

短期 vs. 长期

学业成就通常是衡量教育干预措施短期效果的指标。尽管在一些学术领域，有一些衡量学校教育长期累积效应的指标，如 ACT、PISA 和 TIMSS，但大多数时候，学业成就是衡量学生在相对较短的时间内对预期知识和技能掌握程度的指标。成绩是衡量学业成就最常用的指标之一，其通常在课程结束时给出。此外，成绩基于更小的测量单位，如每周测验、教学单元结束、每日作业完成情况以及期中和期末考试。标准化测试通常每年在有限数量的科目中进行。在研究中，对学业成就的纵向研究并不多见。

此外，短期学业成就比长期教育结果对实践和政策的影响更大。学校和教师有责任在短期内提高学业成绩，例如《不让一个孩子掉队》法案对学年成绩进步作出了要求。与学生有关的重要决策往往是根据短期学业表现做出的。例如，根据学生一年内的表现或考试成绩，学生可能被安排补习、留级、特殊教育或资优教育。另外，家长根据孩子在短期内学业成绩的提高来评价孩子及其所接受的教育。因此，短期的学业成就驱动着教育行动。

提高短期学业结果的努力可能会对其他重要的长期结果产生不利的副作用。新兴证据表明，短期积极的学业结果不一定能转化为长远意义上生活质量的提升。例如，在第三章中提到的霍华德·弗里德曼的纵向研究发现，早期识字与（提升）生活质量的重要指标呈负相关，比如长远意义上的社会情感健康和适应能力（Kern & Friedman, 2009）。

还有证据表明，如第三章所述，那些能更有效地激发信息获取或模仿的教学干预措施会抑制幼儿的好奇心和创造力（Bonawitza et al., 2011；Buchsbauma et al., 2011）。虽然偶尔进行直接教学不太可能会对学生的创造力和好奇心造成终身伤害，但长时间重复直接教学法可能会对其造成终身伤害（Zhao, 2014）。例如，有研究者发现，学业结果（如高中班级排名）与学生产生创造性想法的信心之间存在显著的负相关关系（Pretz & Kaufman, 2015）。研究者还发现，与 SAT 分数和高中排名等传统录取因素相比，课外活动往往更能预测大学申请者的创造性表达（Cotter, Pretz, & Kaufman, 2016）。

在 TIMSS 和其他国际研究中反复发现的分数与信心之间不寻常的负相关性提供了进一步的证据。以 TIMSS 为例，高分教育体系下的学生有一个共同点，即他们通常对考试科目表现出较低的兴趣、

在当今世界，创造力、好奇心和对某一学科的信心与兴趣更为重要……更重要的是，一旦失去这些品质，要重新培养它们比（获取）学术知识更困难。

乐趣和信心，正如第四章所讨论的那样。PISA 中也存在类似的情况 (Sjoberg, 2012; Zhao, 2012a, 2012b)。

在当今世界，创造力、好奇心和对某一学科的信心与兴趣是远比短期学业成绩更值得培养的重要品质(Florida, 2012; Wagner, 2012)。更重要的是，一旦失去这些品质，要重新培养它们比(获取)学术知识更困难。如果学生对某一学科感兴趣并有信心能学会它，他们在学业上是可以追赶上来的。但是，如果他们的兴趣和信心因为努力提高短期学业成绩而丢失，则很难被重新找回。

某些可有效改善短期学业成绩的干预措施也会对长期学业成绩产生负面影响。例如，研究发现教授解码技巧并不能提高阅读理解能力。然而，一些人可能认为解码技巧是阅读成就的必要组成部分。因此，当他们投入时间和精力来学习解码技巧时，实际上是在背离真正的阅读学习。一些教孩子死记硬背的策略能产生立竿见影的积极效果，但其可能会对孩子的学科学习兴趣产生负面影响，或者限制他们发展对该学科更深层次的概念理解(Kapur, 2014, 2016)。

认知 vs. 非认知

学业结果更多属于认知领域，而不是非认知领域。它们通常与学生记忆、遵循指示和运用信息解决问题的能力有关。它们关系到一个人以特定方式完成特定任务的能力。它们通常不会考虑一个人执行任务的意愿，而执行任务的意愿往往受到一系列因素的影响，这些因素通常被称为非认知技能。因此，很少有诸如动机、毅力、信心和人格特质等非认知结果被纳入正式的学业结果评估中。

教育效果的辩证

非认知结果不是某个单一的单位；相反，它们通常涉及一系列与认知能力不直接相关的个人品质。被提倡的非认知品质清单很长。一些常见的品质包括毅力、动力、信心、责任心、成长型心态、自主性、自控能力、情商、社交智能、感恩心、开放心态和好奇心。

人们发现，这些多样化的品质能够增强社会情感能力，促进以目标为导向的努力，并有助于做出更好的判断和决定（Duckworth & Yeager，2015）。研究表明，这些品质与经济、心理和身体健康密切相关，有助于个人终身成功（Brunello & Schlotteg，2010；Duckworth & Yeageq，2015；Levin，2012）。这就是为什么单凭学业成绩（如考试分数）并不能可靠地预测个人或国家未来的成功（Baker，2007；Goleman，1995；Tienken，2008；Zhao，2016a）。

非认知品质可能很难明确地被教学。虽然将它们作为单门课程的具体结果是不现实的，但学校经历可以对个体非认知品质的发展产生重要影响，同时文化规范、学校和教育体系的价值取向、教师和家庭也会对此产生影响。尤其是在标准化考试中获得高分的压力下，过分关注认知技能的提高可能会对非认知品质造成伤害。例如，根据考试成绩公开对学生进行排名虽然有助于激励学生取得更好的成绩，但也可能会降低学生对自己能力的信心。除了少数成绩优秀的学生外，大多数学生的感觉更糟。同样地，死记硬背和直接教学法可能会在短期内提高考试成绩，但也会导致学生对学科学习失去兴趣并且减少投入，因为这种教学方法导致学科学习变得远不及实际有趣。

小结

　　教育有许多不同的结果，所有这些结果都值得追求。但鉴于其关系的性质，并不是所有结果都能在一个人身上互利共存。对一种结果产生积极影响的努力可能对另一种结果产生不利的副作用。因此，仅仅根据对学业结果的影响来推动或放弃教育干预措施是不明智的。例如，约翰·哈蒂评论道，直接教学法的效应量为0.6，远高于他的锚点0.4，因此它能有效影响学生成绩。然而，正如第三章所讨论的，直接教学法对创造力和好奇心有负面影响。相比之下，哈蒂发现"学生对学习的掌控"的效应量只有0.01，这意味着它对学生学业成就没有影响，因此不应该被使用。但是，从长远来看，"学生对学习的掌控"可能有利于学生，并对他们的信心、自主性和自决能力产生积极影响。

　　实际上，教育领域没有圣杯。教育干预措施的效果因学生的个体差异而不同。它们可能对某些学生有利，但对其他人有害。它们也因结果的不同而不同。它们可以有效地改善某些结果，但也可以同样有效地阻碍其他结果的发展。

教育效果的辩证

第六章
从何时有效到谁受伤害
当教育券失效时

在一项有关教师认知能力和非认知能力对学生成绩影响的研究中，瑞典工业经济研究院的研究人员埃里克·格隆奎斯特（Erik Gronqvist）和乔纳斯·弗拉乔斯（Jonas Vlachos）总结了他们的研究发现："我们的结果表明，教师认知能力的普遍提高将扩大成绩优异的学生和成绩较差的学生之间的成绩差距，因为前者的成绩会得到提高，而后者的成绩会有所降低。"（2008，p. 27）研究者使用纵向数据研究了中学教师高中时期的平均绩点（Grade Point Average, GPA）对其学生成就的影响。他们发现，"尽管高能力学生会因与高认知教师匹配而受益，但这样的匹配对成绩较差的学生甚至是有害的"（p. 26）。他们还发现，成绩较差的学生受益于具有高社交能力的教师，但对于能力倾向较高的学生来说，教师的社交能力对其产生的影响微乎其微。

> 成绩较差的学生受益于具有高社交能力的教师，但对于能力倾向较高的学生来说，教师的社交能力对其产生的影响微乎其微。

这些发现与招聘顶尖高中毕业生进入教育行业的呼声背道而驰（Auguste, Kihn, & Miller, 2010; McKinsey & Company, 2007）。尽管缺乏令人信服的证据证明教师在高中的学业表现对所有学生都有利

（Gronqvist & Vlachos, 2008；Meroni, Vera-Toscano, & Costa, 2015；Rice, 2003）。但麦肯锡（McKinsey）这家在全球具有影响力的咨询公司一直在敦促各国吸引和留住排名前三的高中毕业生从事教学工作（Auguste et al., 2010；McKinsey & Company, 2007）。尤其是在分析了 PISA 测试中排名靠前的国家的政策和实践后，麦肯锡提出了这一建议。该公司声称自己发现高分国家倾向于在教学行业中招聘并留住成绩最好的高中毕业生。例如，麦肯锡报告的作者说，所有新加坡、芬兰和韩国教师在大学时的学业成绩都位列前三分之一。相比之下，美国只有23％的教师在大学毕业时成绩位列前三分之一，而这一比例在美国高贫困学校中更是降至14％。因此，该作者认为，聘任高分教师授课将提高学生的学习成绩（Auguste et al., 2010）。

　　麦肯锡的建议相当于教育领域的另一种万灵药。但显然，正如瑞典的研究所表明的，麦肯锡的万灵药与所有其他"包治百病"的教育解决方案一样，只是一个神话，或者说是芬兰教育学者帕西·萨尔伯格（Pasi Salhberg, 2017）口中的"一个都市传说"。芬兰的学生是 PISA 测试中的佼佼者，但没有证据表明芬兰一直在选聘学业成就最高的人来担任教师。相反，这个因教育而受到全球赞誉的国家有意避免使用高中学业表现作为甄选教师候选人的标准，因为"最好的学生并不总是最好的老师"（p. 60）。

> 最优秀的学生成为教师后，可能会成为成绩欠佳的学生的噩梦。

　　更糟糕的是，正如瑞典的研究者发现的那样，最优秀的学生成为教师后，可能会成为成绩欠佳的学生的噩梦。当最优秀的学生成为教师时，不会让成绩最差的学生受益，相反还会带来伤害。这提供了一个完美例证来呈现教育中不良副作用的主要原因之一：个体差异。

正如人们会因为基因、环境和生活方式层面的个体差异而对同一种医疗方法产生不同的反应一样，学生也会因个体情况的不同而对同一种教育干预措施产生不同的反应。换句话说，任何干预措施的效果都是该措施与个体特征之间交互作用的结果。教育领域对这种交互作用的研究由来已久。

> 任何干预措施的效果都是措施与个体特征之间交互作用的结果。

能力倾向与教学处理交互作用（ATI）

1957 年，历史上最杰出和最有影响力的教育心理学家之一李·克龙巴赫（Lee Cronbach）在他发表于《美国心理学家》（*American Psychologist*）杂志上的文章《科学心理学的两个学科》（*The Two Disciplines of Scientific Psychology*）中呼吁心理学家研究"干预措施与个体的交互作用"。他观察到心理学中存在着不健康且无效的分歧，即一些人试图开发适用于所有个体的有效干预措施，而另一些人则专注于识别不可改变的个体特征。"因此，一种心理学接受这一制度、干预措施和标准，并寻找适合该制度需要的人；另一种心理学则认为广义上的人这一概念是给定的，并挑战任何不符合这一概念衡量标准的制度。"（Cronbach, 1957, p.679）

> 一个重要的附加问题应该是：对于谁、何时以及为什么，某种治疗方案是最好的或者是更好的？

尽管这两种追求都是有意义的，但没有哪一种是完全正确的，因为"通常患者对治疗的反应不同，而且在许多其他相关方面也彼此不同"

（Snow, 1991, p.205）。因此，有关任何干预措施的问题都应超越通常的"什么是最好的"或"如何使治疗变得更好"。根据另一位著名的美国斯坦福大学教育心理学家、克龙巴赫的密切合作者理查德·斯诺（Richard Snow, 1991）的说法，一个重要的附加问题应该是：对于谁、何时以及为什么，某种治疗方案是最好的或者是更好的？在克龙巴赫1957年提出提议的三十多年后，斯诺（1991）写道："能力倾向与教学处理交互作用（The Aptitude-Treatment Interaction, 以下简称 ATI）范式是为解决这些问题而发明的。"

> ATI 方法试图在干预评估中系统地考虑个体之间的差异，以评估替代干预方案在个体特征的作用下是否会产生不同的效果，并据此确定特定干预方案是否可以被选择或调整，从而以最优化的方式去适应特定个体。然而，除了评估个体与情境变量之间交互作用的方法之外，该方法还提供了一个新的能力倾向理论框架，其被解释为特定干预环境对个体的适宜程度。（p. 205）

> 认识到干预措施与个体之间的交互作用是干预科学中的一场概念革命。

认识到干预措施与个体之间的交互作用是干预科学中的一场概念革命。这对教育以及心理治疗和医学等其他领域产生了重大影响（Caspi & Bell, 2004；Snow, 1991）。在那些致力于找到最佳干预方案而不是通用干预方案的研究者中，ATI 迅速流行起来。教育研究者研究了将教育干预措施与个体特征或能力相匹配的效果。教学设计者试图根据个体学生的特征设计个性化的学习计划（Cronbach, 1975；Cronbach & Snow, 1981；Kieft, Rijlaarsdam, & van den Bergh, 2008；

Snow, 1978,1992）。

　　不幸的是，ATI 是极其复杂的。由于这种复杂性以及一些研究者未能遵循斯诺和克龙巴赫的方法建议，有关 ATI 的实证研究证据之间存在很大的不一致性（Cronbach, 1975；Snow, 1992）。这些不一致的发现导致许多教育心理学家忽视或拒绝 ATI 及相关现象，并称其为一时的狂热（Corno et al., 2001）。但这不是一时的狂热。斯诺在 1992 年总结了几十年来的 ATI 研究，并指出"ATI 在教育中无处不在"（p. 11）。

　　ATI 的研究并未在教育领域带来重大的实际改进，也没有清楚地确定个体的能力倾向如何与教育干预措施交互作用（造成这种情况的原因有很多，但这不在本书的讨论范围之内）。因此，人们对 ATI 的兴趣逐渐减弱。如今，教育研究者对 ATI 的兴趣已不如以前。但是，ATI 在今天仍然极其重要，就像从 20 世纪 60 年代到 80 年代一样。克龙巴赫和斯诺开创性、富有远见的思维和工作为未来关于效果和副作用的研究奠定了重要基础。

　　ATI 研究最重要的贡献是它的实证研究证据证明了个体对同一干预措施产生不同反应的现象普遍存在。简单地说，同样的干预对不同的个体有不同的效果。个体特征在调节干预效果方面起着不可忽视的重要作用。正如克龙巴赫在 1957 年所说："如果镇静剂能让每个人都感到快乐，那为什么还要费心去诊断患者以确定他们应该接受哪些治疗呢？如果电视课程能以一种简化的方式让每个新生都喜欢并理解量子力学，那么我们就不需要大学能力测验和期末考试了。"（p. 678）

能力倾向与教学处理交互作用（ATI）研究的经验教训

还有其他重要的贡献，其中与理解副作用最相关的是针对干预措施与个体之间交互作用复杂性的不断完善的概念化以及对能力倾向和干预措施的深刻定义。

交互作用是复杂的

在ATI的支持者看来，干预措施与个体特征之间的交互作用是极为复杂的。当研究者开始报告不一致的发现时，克龙巴赫（1975）意识到自己"缺乏远见而没有将相同的论点应用到交互作用的效应本身上"（p. 119）。换句话说，干预措施的效果不仅取决于个体的某一特征，还取决于其他变量。从本质上讲，交互作用不应仅限于具有某一特征的一阶干预。

这种关于交互作用复杂性和动态性的观点超越了有关教育干预措施对个体影响的简单化观点。（干预）效果会根据一系列交互作用的个体特征而变化。这种效果可能会立即被观察到，但也可能需要等到以后才被发现。因此，无论是积极的还是消极的干预效果，都必须在多个变量的背景下并在长时间内进行检验。

能力倾向比智力更重要

克龙巴赫和斯诺还认为能力倾向比其传统定义要宽泛得多。在他们看来，能力倾向包括智力、能力、个性、动机、风格、态度和信仰。此外，

教育效果的辩证

能力倾向并不一定被认为是一种相对稳定的特质。相反，能力倾向是"一种关系结构，用于解释情境中的个体行为、情境特征与个体特征，都是特定能力倾向结构定义的一部分"(Snow, 1991, p.206)。

这种概念化指向了一组扩展的个体特征，其被认为可以调节干预措施的效果。除了智力、个性和动机等传统特征外，该组特征还可以包括种族、民族、移民身份、年龄、性别、社会地位和身体特征。更重要的是，它还可以包括家庭变量，如父母受教育程度、收入和家庭结构。它也可以包括个体所居住社区的特征。总之，学生所处的具体情境和整体环境都可以与干预措施产生交互作用，这使得同一干预措施在不同的情况下对不同学生产生了或积极或无效或消极的效果。

干预措施是动态的

在 ATI 框架内，干预措施也被广泛定义为"任何可操纵的情境变量"(Snow, 1991, p.206)。该定义包括情境特征和干预措施特征。例如，在小组或大组中实施教学是干预措施的情境特征。在研究教师的学术背景对学生成绩的影响时，教师的性别、年龄、宗教信仰甚至是外貌被认为是干预措施特征。尽管这些变量在技术上是不可操纵的，但是用户体验是可以通过与之相关的分配规则来操纵的。斯诺(1991)写道："由于能力倾向是一种关系概念，因此干预措施也是如此，因为人们至少在某种程度上构建和调整自己的处境以适应他们自身的特点。"(p.206)

从作用到副作用

ATI 范式的目的是寻找干预措施的主效应。它的关注点在于确定干预措施是否或在何种程度上有效地为某些特征的个体或群体带来预期结果。遵循 ATI 范式的大量文献表明，相同的干预措施对具有特定能力倾向的个体产生积极主效应时，也可能会对具有其他能力倾向模式的学生产生意想不到的副作用。

> ATI 范式的目的……在于确定干预措施是否或在何种程度上有效地为某些特征的个体或群体带来预期结果。

例如，本章开头段落中提到的瑞典研究结果表明，平均绩点高的教师对成绩优异的学生具有预期的主效应（即提高学业成绩），但对于成绩较差的学生则具有负面影响（Gronqvist & Vlachos, 2008）。这类似于沙利度胺对孕妇的不良副作用。1979 年发表在《美国教育研究》（*American Educational Research Journal*）上的一项研究也得出了类似的结论："受过教育/对自身能力有信心的教师在对照组中教育那些依赖于教师教学的成绩较差的学生时表现得很不好，另一方面，他们在对照组中教育那些成绩优异的学生时则表现得最好。"（Ebmeier & Good, 1979, p.11）

> 遵循 ATI 范式的大量文献表明，相同的干预措施对具有特定能力倾向的个体产生积极主效应时，也可能会对具有其他能力倾向模式的学生产生意想不到的副作用。

还有更多的例子。回想一下第三章中讨论的关于直接教学法效果和副作用的争论，这里有更多的证据表明直接教学法以不同的方式影响不同的学生,有些是积极的,有些是消极的。贾尼基(Janicki)和彼得森(Peterson)于 1981 年进行的一项研究发现,直接教学法的有效性取决于学生对个人控制的自我认知:具有较高内部控制源(Internal Locus of Control)的学生在直接教学法中的数学成绩比在直接教学法的小组变体模式中的数学成绩差。两位作者得出的结论是:"直接教学法对依靠外部控制源的学生来说是有效的,因为这与实际教学情况相匹配;而它对依靠内部控制源的学生来说却是不利的,因为他们可能会因为可控性较低而感到沮丧。"(pp. 77 - 78)

> 具有较低先验领域知识的学生可以从显性教学之前的探索活动中受益,但同样的方法会对那些具有较高先验领域知识的学生产生负面影响。

ATI 文献中有大量例子表明,相同的干预措施可能会对不同特征的学生产生不同的影响。研究发现,工作记忆能力会影响不同数学教学方法的有效性(Fuchs et al., 2014)。具有较低先验领域知识的学生可以从显性教学之前的探索活动中受益,但同样的方法会对那些具有较高先验领域知识的学生产生负面影响(Fyfe, Rittle-Johnson, & DeCaro, 2012)。诵读困难的儿童在处理声音时的初始反应差异会影响他们从佩戴辅助听力设备改善其语音意识和阅读表现中受益的程度,一些儿童受益较多,而另一些则受益较少。更糟的是,有些儿童甚至经受了负面影响(Hornickel, Zecker, Bradlow, & Kraus, 2012)。

ATI 文献的内容证实了在教育中造成不良副作用的最重要的机制之一:个体差异。它清楚地表明,相同的干预措施对具有不同特征或能力倾向的学生会产生不同的效果。对于一些学生来说,结果可能是有害的,而这只是干预措施设计者的无心之举。换句话说,一个学生的良药可能是另一个学生的毒药。择校计划的例子说明了个体差异是造成不良副作用的原因之一。

谁会受到伤害：教育券的案例

自 20 世纪 50 年代诺贝尔经济学奖得主、自由市场经济学家米尔顿·弗里德曼（Milton Friedman）提议将公共教育转变为自由市场以来，择校一直是美国教育界最激烈的争论（主题）之一（Carnoy，2001；Fowler，2002；Friedman，1955；Greene，2011；Willingham，2017）。近年来，随着美国多个联邦州开始实施如公立特许学校（Public Charter Schools）、磁石学校（Magnet Schools）和跨地区择校等各种形式的择校，美国教育的私有化和市场化水平也得到了进一步提升，进而导致这场争论变得更加激烈（Ravitch，2013）。2016 年，唐纳德·特朗普（Donald Trump）当选为美国总统并任命贝茜·德沃斯（Betsy DeVos）为教育部长，这使得争论变得更加激烈。因为他们大力支持教育券（政策），即使用公共资金支持孩子上私立学校（Willingham，2017）。

> 2016 年，唐纳德·特朗普当选为美国总统并任命贝茜·德沃斯为教育部长，这使得争论变得更加激烈……使用公共资金支持孩子上私立学校。

争论的焦点是择校是否最终会改善美国教育。支持者相信确实如此。时常被称为教育券之父的米尔顿·弗里德曼（Milton Friedman）和他的妻子罗斯·弗里德曼（Rose Friedman）创立了弗里德曼教育选择基金会（Friedman Foundation for Educational Choice），以"促进择校成为提高美国 K - 12 教育质量最有效、最公平的方式"（Forster，2016）。但反对者并不同意(Ravitch, 2013)。有很多不同的争论点,包括择校是否会对公立学校产生负面影响以及择校是否会导致社会隔离。但最重要的是择校是否会帮助参加择校计划的学生取得更好的成绩。

自20世纪90年代以来,实证研究证据不断涌现。双方一直在使用相同的证据来支持和反对择校,尽管这些证据并不完善。争议的核心点是效应量的大小。同一证据产生了不同的结论(Carnoy, 2001; Forster, 2016; Lubienski, 2016; Shakeel, Anderson, & Wolf, 2016)。相较于独立研究者,支持者发现了该计划更为显著的积极效果(Carnoy, 2001)。

> 有很多不同的争论点,包括择校是否会对公立学校产生负面影响以及择校是否会导致社会隔离。但……最重要的是择校是否会帮助参加择校计划的学生取得更好的成绩。

> 该计划确实在平均效应的角度上产生了积极效果……我们仍需知道其是否以及在多大程度上因个人差异而对某些学生造成了损害。

但是争论忽略了重要的一点。争论只关注了计划中每个人的平均效应,导致双方都在努力就正面效果或负面效果的大小进行争论。ATI研究的经验告诉我们,我们需要注意个体差异。也就是说,择校的效果取决于个体特征。因此,即使该计划确实在平均效应的角度上产生了积极效果(这个问题仍在争论中),我们仍需知道其是否以及在多大程度上因个人差异而对某些学生造成了损害。

"双赢的解决方案"

2016年5月,弗里德曼教育选择基金会的研究员格雷格·福斯特(Greg Forster)发布了关于私立学校择校计划的第四版报告。正如其标题《双赢的解决方案：择校的实证证据》(*A Win-Win Solution: The Empirical Evidence on School Choice*)所示，这一系列报告旨在提供关于择校效果的实证证据。福斯特声称，他已经系统性地审查了公开的实证研究，而这些研究使用了研究方法的"黄金标准"——参与者的随机分配。他的结论是：

> 实证证据表明，择校可以提高参加者和公立学校的学业成绩，节省纳税人的钱，将学生带入更具综合性的课堂，并增强对美国民主至关重要的共同公民价值观和实践。(p. 1)

本质上，福斯特试图倡导将择校作为万灵药。他认为，通过最严格的研究方法获得的实证证据表明，即使是最具争议的择校形式——将孩子送入私立学校的教育券，也是各方都"双赢"的一种解决方案。每个人都会受益，没有人会输。福斯特并不是唯一一个依靠研究设计的黄金标准来支持自己关于教育券效果的论点的人。美国阿肯色大学的一群教育券倡导者提出了一份报告。在对"全球私立教育券的参与者效应"进行"元分析和系统综述"后，该报告提出教育券具有积极影响(Shakee et al., 2016, p.1)。但两份报告都因其对研究的偏颇选择和错误分析而受到批评(Lubienski, 2016)。

两份报告都因其对研究的偏颇选择和错误分析而受到批评。

我们对择校的副作用感兴趣，即它对具有某些特征的群体产生的不良影响。我们无需质疑福斯特的研究选择和分析，因为他的报告和研究提供了由于个体差异而存在副作用的明确证据。

　　　　　　　　　　　　　　　教育效果的辩证

一输一赢的解决方案

关于择校会提升学生的学业成就这一主张，福斯特是立足于 18 项使用随机分配方法的研究得出的。他的结论是"这些证据表明择校对学生有利"：

> 18 项研究中，有 14 项研究发现择校对参与者产生了积极影响，其中，有 6 项研究发现择校对所有参与的学生都产生了积极影响，另外有 8 项研究发现择校对某些学生群体有积极影响，而对其他学生没有明显影响。除此以外，有 2 项研究发现择校没有明显的影响。而有关美国路易斯安那州教育券的 2 项研究则发现它产生了负面影响。(Forster, 2016, p.101)

福斯特自己的数据并不支持他的概括性结论。18 项研究中只有 6 项(约占总数量的 30%)发现择校对所有学生都产生了积极影响。福斯特认为具有积极作用的其他 8 项研究实际上的结果好坏参半：对某些学生有积极影响，而对其他学生没有明显影响。此外，还有 2 项研究明确地发现了负面影响。

福斯特自己的数据并不支持他的概括性结论。

从证据来看，择校与其他所有教育干预措施一样并非万灵药。它受制于 ATI 的规律。它的效果取决于个体特征和情境。美国阿肯色大学的报告发现，该计划的效应量在不同国家和地区之间的差异很大。该报告的作者发现，总体结果"表明教育券对阅读和数学都有积极影响，但这些影响在美国以外的地区更加显著"(Shakeel et al., 2016, p.33)。此外，他们发现该计划在美国对阅读没有影响，但在其他国家则产生了很大的积极影响，其中在哥伦比亚的波哥大影响最大。这表明择校计划的效果或伤害取决于实施的情境。

情境差异的影响

干预措施实施的情境可以调节其效果并引起不良副作用。干预措施在一种情况下可能会产生预期的主效应，而在另一种情况下却会造成伤害。正如福斯特使用的证据所示（表 6.1），教育券计划在不同的地点产生了不同的效果。美国路易斯安那州的教育券计划产生了负面影响，导致学生学习成绩下降（Abdulkadiroglu, Pathak, & Walters, 2015; Mills & Wolf, 2016）。针对美国华盛顿特区、夏洛特、密尔沃基教育券计划的研究发现其对所有学生均有积极影响，而大多数对美国纽约市教育券计划的研究发现其对某些学生有积极影响，而对其他学生则没有影响或产生负面影响，这与在美国代顿的情况相似。一项聚焦美国托莱多教育券计划的研究没有发现明显的效果。

关于情境因素如何与择校计划交互作用的研究并不多，但也不乏相关猜测。为了捍卫择校的"双赢"解决方案，福斯特解释了（Abdulkadiroglu et al., 2015; Mills & Wolf, 2016）发现美国路易斯安那州教育券计划具有显著负面影响的那两项研究。他提出，私立学校的参与率较低是因为"糟糕的计划设计和对于敌对监管机构未来行动的恐惧"（Forster, 2016, p. 12）。因此，路易斯安那州教育券计划中参与的私立学校"可能是表现最差的学校"（p. 123）。马克·戴纳尔斯基（Mark Dynarski, 2016）认为负面影响可能是由于路易斯安

当然还存在其他情境变量，例如人口密度、交通、文化、种族/民族混杂和宗教，这些因素都会影响择校的效果，从而对学生产生积极影响、消极影响或不产生影响。

那州私立学校质量下降以及公私立学校之间的质量差距缩小。美国阿肯色大学的报告表明,资助类型可以影响择校计划的效果。该报告的作者发现,公共资助的教育券产生的效应比私人资助的教育券产生的效应更大,但这种差异很大程度上是受到哥伦比亚波哥大的一项公共资助计划的巨大影响。

表 6.1　根据地点划分对所选参与者学业成绩影响的性质[*]

地点	作者(年份)	对所有人有积极影响	对部分人有积极影响	消极影响	无影响
路易斯安那	Mills & Wolf (2016)			×	
路易斯安那	Abdulkadiroglu et al. (2015)			×	
纽约	Chingos & Pererson (2015)		×		
纽约	Bitler et al. (2015)		×		
纽约	Chingos & Pererson (2013)		×		
纽约	Jin et al. (2010)		×		
纽约	Howell & Pererson (2006)		×		
纽约	Krueger & Zhu (2004)				×
纽约	Barnard et al. (2003)		×		
纽约	Howell & Pererson (2006)		×		
华盛顿	Wolf et al. (2013)	×			
华盛顿	Howell & Pererson (2006)	×			
代顿	Howell & Pererson (2006)		×		
夏洛特	Cowen (2008)	×			

地点	作者(年份)	对所有人有积极影响	对部分人有积极影响	消极影响	无影响
夏洛特	Green (2001)	×			
密尔沃基	Green et al. (1999)	×			
密尔沃基	Rouse (1998)	×			
托莱多	Bettinger & Slonim (2006)				×
总计		6	8	2	2

＊表格改编自福斯特(Forster, 2016),原始报告中一些出版年份已更改,以符合实际的出版年份。

　　当然还存在其他情境变量,例如给定地点的人口密度、交通、文化、种族/民族混杂和宗教,这些因素都会影响择校的效果,从而对学生产生积极影响、消极影响或不产生影响。无论原因是什么,也无论是单一的原因或者是多种原因的组合,择校都不是万灵药。当它对某些人产生帮助时,必然会对其他人造成伤害。因此,政策制定者和家长不能在不考虑其效果和副作用的情况下盲目接受或拒绝它。

学生差异的影响——下滑者(Tankers)和跃升者(Leapers)

　　在择校计划支持下就读私立学校的效果在不同的参与学生和群体之间存在很大差异。一些学生受益,但另一些学生则受到伤害。此外,还存在"下滑者"(成绩下降超过 1.5 个标准差的学生)和"跃升者"(成绩上升超过 2 个标准差的学生)。他们极大地影响了计划的整体效果,这表明该计划对不同学生有不同的影响。在不同地点、不同群体中的影响模式也不一致。美国华盛顿特区的教育券计划是唯一一个展现出跨年级成绩稳定提升的地点(Carnoy, 2001)。

> 在择校计划支持下就读私立学校的效果在不同的参与学生和群体之间存在很大差异。

是什么导致下滑者的退步和跃升者的进步？为什么不同群体之间存在如此多的不一致？有证据表明个体差异发挥了作用。例如，美国加州大学尔湾分校的一组研究者发现，纽约市的教育券实验"几乎没有影响学生的学习成绩"，但"在头两年后，该计划对小部分成绩优异的学生产生了轻微的负面影响"(Domina & Penner, 2013, p.24)。另一组研究者(Barnard, Frangakis, Hill, & Rubin, 2003)也报告了类似的发现。有研究发现，美国纽约市的教育券实验对非黑人学生的数学成绩有负面影响(Krueger & Zhu, 2004)。也有研究发现，美国夏洛特地区的教育券实验对具有不同特征的学生产生了不同的影响，例如其对母亲辍学的非裔美国学生的影响是巨大且负面的，而对母亲大学毕业和生活在双亲家庭的学生的影响是积极的(Cowen, 2008)。

对具有其他特征的学生而言，教育券计划可能会产生不良影响。但这些研究并未系统地报告这一点，也许是因为研究者并未刻意地在数据中寻找这种不利影响。另外，也有可能是因为现有数据中没有包含此类证据，因为关注点主要集中在整体效果而不是不同个体的效果上。还需明确的是，教育券计划的设计初衷主要是为城市地区的低收入、少数族裔学生提供服务。因此，所研究的学生群体与美国学校所有学生相比更具有同质性。因此，当考虑将择校扩展到全国范围时，我们必须仔细研究并报告其对具有不同特征的学生的效果和副作用。

家长差异的影响

即使择校对所有学生都产生了积极影响,但并非所有家长都愿意或能够参加。因此,家长的选择增加了另一个影响择校作为教育干预措施效果的变量。研究发现,家长的特征会影响他们接受教育券并将子女送入私立学校的决定。

> 家长的特征和孩子所处的家庭环境会影响择校是否产生积极影响、消极影响或不产生影响……有关教育券计划效果的证据并不能支持福斯特所描述的美好画面。

美国威斯康星大学政治学和公共事务教授约翰·威特(John Witte)研究了美国密尔沃基家长择校计划,并根据自身研究写了一本关于择校的开创性著作。在《教育的市场化模式:美国第一个教育券计划分析》(*The Market Approach to Education: Analysis of America's First Voucher Program*)一书中,威特(2001)指出,非裔美国人和西班牙裔比白人更有可能申请类似密尔沃基的教育券计划。而与男性相比,女性更倾向于申请该计划,同时低收入家庭和受教育程度较高的母亲也更可能申请。美国芝加哥大学政治学教授威廉·豪威尔(William Howell)和美国哈佛大学政治科学教授保罗·彼得森(Paul Peterson)在他们2006年出版的著作《教育差距:教育券和城市学校》(*The Education Gap: Vouchers and Urban Schools*)中也提出相似和不同的观察。在他们的研究中,收入较低的家庭更有可能拒绝使用教育券。拒绝教育券的学生中有更多的非裔美国人学生,而拒绝教育券的学生的母亲受教育年限显著更少。

最近一项针对美国夏洛特地区教育券计划的研究进一步发现了父

母特征影响的证据。美国威斯康星大学（University of Wisconsin）的教育学教授约书亚·科温（Joshua Cowen）发现，曾上过大学的父母更有可能参加该计划，生活在双亲家庭的学生也更有可能参加。非裔美国父母参加的可能性较小（Cowen, 2008）。总而言之，种族、性别、受教育水平和家庭结构都会调节择校对学生成绩的影响。因此，家长的特征和孩子所处的家庭环境会影响择校是否产生积极影响、消极影响或不产生影响。

显然，有关教育券计划效果的证据并不能支持福斯特所描述的美好画面，即择校是解决美国教育问题的万灵药。这种效果远非对所有学生都是积极的。相反，它在很大程度上取决于情境、学生及其父母的特征。对于某些学生来说，这种影响可能是负面的。

小结

一个学生的良药是另一个学生的毒药。本章说明了学生特征与教育干预措施之间的交互作用是如何导致副作用的。无论是招募和留住成绩最好的高中毕业生进入教育行业、下拨公共资金资助私立学校或者允许父母择校的教育政策，或者是采取诸如直接教学法之类的做法，它们都不可能以统一的方式对所有学生产生积极影响。我们应该时刻注意因个体特征而可能对某些学生产生的潜在不良影响。

> 学生特征与教育干预措施之间的交互作用导致了副作用。

顺便说一下，所有关于学校教育券计划效果的研究都发现了在不同科目之间的效果有所不同。大多数研究仅报告了对两个科目的影响：阅读和数学。福斯特审查的许多研究发现,对数学成绩的积极影响要比对阅读成绩的积极影响更大。例如,一项对美国密尔沃基教育券计划的研究发现,它对低收入少数族裔学生的数学成绩产生积极影响,但"对阅读成绩的影响有时是消极的,有时是积极的,而且在统计上几乎总是与零无异"(Rouse, 1998, p.584)。这种差异证实了前面讨论的另一种典型的副作用机制:教育体系会提出不同方面的教育期待,但这些期待之间存在潜在的竞争关系。

第七章
对万灵药的徒劳追求
教育中的论战、钟摆效应和万灵药

美国西弗吉尼亚州民主党参议员罗伯特·伯德（Robert Byrd）在美国参议院关于教育立法的辩论中提到："总统先生，在过去的十年中，尽管公众关注并且每年有数十亿美元的拨款被用于各种旨在帮助和改进教育的项目，但我一直对我们国家未能培养出更优秀的学生感到困惑。"（Byrd, 1997）在谈到美国学生的数学成绩在国际评估（如 TIMSS）中远远逊色于其他国家的学生之后，伯德指出："罪魁祸首是某种被称为'新新数学'（New-New Math）的东西。显然，这种'新新数学'方法背后的理念是让孩子们喜欢数学，并希望这种'喜爱'能让他们更好地理解基本的数学概念。这是一个不错的想法，但是好的想法并不总是能完成任务。"（Byrd, 1997）

伯德在 20 世纪 90 年代参与了美国加州乃至全国的数学大战，并发表了言论（Boaler, 2008；Klein, 2003, 2007；Schoenfeld, 2004；H.-H. Wu, 2000）。他抨击了那些提倡综合教学法的改革者，这种方法使得数学教学变成一种由学生自主探索的旅程，因为这些改革者担心学生在传统"填鸭式"的数学教育方法下只能机械地运算数字，而不能深思熟虑地使用它们。

伯德称一本与改革者思想和方法一致的代数教科书为"荒唐代数"（Whacko Algebra）。再比如说"雨林代数"（Rainforest Algebra）、"音乐电视代数"（MTV Algebra）和"模糊数学"（Fuzzy Math）等短语，也都是批评者用于讽刺改革者的，认为其提倡的教学法和教材极其荒谬。伯德代表了"回归基础知识"阵营，该阵营认为数学需要明确的指导，在学生发展出自律性之前必须反复进行练习。因此，他们指责改革者将数学元素从数学教育中剔除，并将学生数学成绩的明显下降归咎于此。

之所以称之为论战是因为双方之间的争端远远超出了学术研究者和教育工作者之间的分歧。它既涉及像伯德参议员这样的政客，也涉及家长、记者和普通公众。"战火"蔓延至社区中心和学校、报纸和电视、美国国会和州立法机构。

这场论战所涉及的范围如此之大并且颇具破坏性，以至于美国克林顿（Clinton）政府的教育部长理查德·莱利（Richard Riley）呼吁"停火"。在1998年1月8日举行的美国数学学会（AMS）和美国数学协会（MAA）联合数学会议上，莱利（1998）对与会者说："这场'数学大战'昭示了一种非常令人不安的趋势。"他补充道："而且，任何从事教育工作的人都不应该以既无建设性又无成效的方式攻击他人。"（p. 488）他极力主张"必须结束对数学教学缺乏远见的、政治化的、有害的争吵"，"因为如果我们继续沿着这条内讧的道路走下去，我们只会否定已经取得的成果，真正的输家将是美国的学生"（p. 489）。这场论战以改革者的失败而告终。加利福尼亚州和美国其他地区的数学教育也偏向于"回归基础知识"。

　　　　　　　　　　　　　　　　　　　　教育效果的辩证

教育中的周期性论战与钟摆效应

数学大站

20 世纪 90 年代的数学大战并不是第一次发生的数学论战。大约 30 年前,即 20 世纪 60 年代也曾发生过类似的论战。

在苏联成功发射第一颗人造卫星斯普特尼克(Sputnik)之后,美国便处于恐慌状态。由于担心苏联在科学技术上超越美国,美国于 1958 年制定了《国防教育法》(National Defense Education Act, NDEA)。这项法案提供资金支持 K—12 学校的数学、科学和工程教育。除此之外,美国政府认识到数学成绩不足的现状,便资助了开发新数学课程和教学方法的项目。这些项目产生了所谓的新数学(Knudson, 2015)。

新数学与传统模式截然不同。它倡导探究式学习和概念理解,而不是采取死记硬背和直接教学法。它很快在美国课堂上流行起来。传统派进行了反击,例如 1973 年美国纽约大学数学教授莫里斯·克莱恩(Morris Kline)所著的《为什么约翰尼不会加法:新数学的失败》(*Why Johnny Can't Add: The Failure of the New Math*)。新数学运动在 20 世纪 70 年代中期基本结束,20 世纪 90 年代再次复兴,这当然引发了另一轮"战斗"。

数学大战至今仍在继续。新数学的精神并未消失。根据美国佛罗里达大学数学教授凯文·努德森(Kevin Knudson, 2015)的说法,它今天仍然存在于"共同核心数学"(Common Core Math)中。当然,毫不奇怪的是,在政治家、家长、教育工作者和研究者中,并不乏对"共同核心数学"的批评家。即使是现在臭名昭著的喜剧演员路易斯(C. K. Louis),也加入了反对"共同核心数学"的行列(Mead, 2014)。

数学教育史本质上就是一部周期性的论战史。每隔几十年,就会有一场论战爆发,然后以一方宣布胜利并成为课堂主流授课方式而告终。但是,随着批评和反对意见的增多,它的主导地位会被削弱。然后,另一方就会崛起并成为新的胜利者。如此循环往复,以至于美国国家数学教师委员会(National Council of Teachers of Mathematics, NCTM)主席马特·拉森(Matt Larson)表示美国数学教育"被困在一个200多年的钟摆运动之中,并摇摆在过度强调死记硬背地练习孤立的技能和程序以及过度强调概念理解之间,前者过度依赖于教师主导的教学,而后者则过度依赖于以学生为中心的教学"。美国国家数学教师委员会对20世纪90年代的数学大战负有部分责任(Larson, 2017)。

> 数学教育被困在一个200多年的钟摆运动之中,并摇摆在过度强调死记硬背地练习孤立的技能和程序以及过度强调概念理解之间。

阅读大战

阅读教学领域也经历了一段相似的周期性论战(J. S. Kim, 2008; Pearson, 2004)。美国哈佛大学教育学院教授詹姆斯·金(James Kim)在对阅读大战进行了缜密思考后讲述道:"关于自然拼读法在阅读教学中作用的争论已经持续了百余年,阅读大战似乎是美国历史上一个不可避免的事实。"(2008, p. 89)例如,霍勒斯·曼(Horace Mann)是自然拼读法的坚定批评者,因为他认为自然拼读会妨碍意

阅读教学领域也经历了一段相似的周期性论战。

义阅读。曼可以说是全语言教学法的早期倡导者。在过去的几十年中,该阵营一直在与自然拼读阵营抗衡。

1955年,自然拼读阵营朝向全语言阵营打响了第一枪,这引发了第一次大规模的"阅读之战"。鲁道夫·弗朗兹·弗莱希(Rudolf Franz Flesch)在他的著作《为什么约翰尼不会阅读》(*Why Johnny Can't Read*)中宣称:"在美国各地的所有学校、所有教科书中,阅读教学方法都是错误的,违背了所有逻辑和常识。"这本书在随后的几十年里对美国的阅读教学产生了长远的影响。该书将矛头指向了当时流行的"看—说"阅读教学法,即教孩子们认识和说完整的单词。"看—说"教学法延续了霍勒斯·曼开始的传统,并在格雷(W.S.Gray, 1960)颇具影响力的著作《独立阅读》(*On Their Own in Reading*)中得到进一步发展,这本书首次出版于1948年。

格雷认为,字词知觉(Word Perception)将有助于儿童培养独立分析新单词的能力。此外,"他把字词知觉置于更大的背景中,即理解句子、段落和较长段落中的思想流动;掌握隐含的含义;对其做出回应;并将其与先前的知识融合在一起"(Strang, 1967, p.116)。弗莱希攻击了格雷注重意义的教学法。他建议应该教孩子们"如何拼读字母,以及如何结合这些拼读发音来识别单词"(J.S. Kim, 2008, p.91)。

《为什么约翰尼不会阅读》大受欢迎。弗莱希的观点引起了美国公众的共鸣,他们担心苏联的崛起和美国的衰落。美国公民和政治家都拥

护他提倡的回归基础与自然拼读优先的方法。自然拼读阵营赢得了阅读大战。结果，自然拼读教学成为美国阅读教学中的主导方法。但是这一胜利并不能保证它永久的主导地位。

全语言阵营并没有消失。它在 20 世纪 80 年代末盛大回归。詹姆斯·金（James Kim）观察到："全语言教学法形成了最新的阅读常识。"（2008，p.97）全语言教学法的兴起使戴维·皮尔森（P. David Pearson）感到惊讶，他是一名已有 25 年工作经验的专业教育工作者，曾见证了美国教育领域许多流行一时的风尚与争论的兴衰。皮尔森当时是美国伊利诺伊大学的教育学教授和阅读领域的主要专家，他在 1989 年写道：

> 在这 25 年间，我从未见过像全语言运动这样迅速传播的现象。你可以用流行病、野火、天赐之物等比喻来形容全语言在北美的迅速传播，它已成为识字课程和研究中的常态。此外，就像美国的自然拼读运动一样，识字研究者和课程开发者在可预见的未来也将不得不承认这一力量。与 20 世纪 70 年代初的开放教育运动不同，它不太可能早早消失。（p. 231）

但是，正如人们所预料到的那样，全语言教学没有"占领"美国课堂太久。自然拼读教学在 20 世纪 90 年代后期复兴，并在 21 世纪的前十年里彻底击败了全语言阵营。这就是本书第二章中讲述的故事：美国国家阅读小组的结论和阅读优先计划使自然拼读阵营再次成为胜利者，并获得了数十亿美元的美国政府资金支持。但是，自从阅读优先计划和《不让一个孩子掉队》法案失败后，直接教学自然拼读的方法受到了越来越多的批评。不难想象，全语言阵营可能会在不久的将来卷土重来。

千篇一律的变革

"数学大战"和"阅读大战"的历史最好地体现了教育变革的模式：千篇一律的变革。多年来，教育领域已经出现各种大大小小的变革。这些变革通常是由不同论战的胜利方通过政府政策和财政投资强制引入的。很大一部分持不同观点的家长、教育工作者和研究者不一定相信这些变革的优点。他们抵制这些变革，并想方设法修改政策和计划。当他们的想法在政策中得到体现时，他们试图用自己倡导的变革取代以往的变革，从而推动钟摆回摆。

> 教育仍然陷入永不停息的钟摆运动中——大量徒劳无功的变革运动和行动。

结果，教育仍然陷入永不停息的钟摆运动中——大量徒劳无功的变革运动和行动。尽管发生了许多变革，但一直打的都是同一场论战。战线基本保持不变：显性（直接）教学与探究式学习，自然拼读教学与全语言教学。尽管多年来收集的证据越来越多，但双方都没有退让。尽管我们在心理学、神经科学等相关领域取得了进展，但教育仍然在重复百年前的观点。

> 尽管我们在心理学、神经科学和认知科学等相关领域取得了进展，但教育仍然在重复百年前的观点。

难以捉摸的中间立场

美国克林顿政府时期的教育部长莱利在上述美国数学学会和美国数学协会的联席会议上恳求道："我希望我们可以在这场论战中'停火'。与其在这些斗争中投入精力，不如努力帮助每个美国学生在数学学习中追求卓越。"他认为，结束这场数学大战的方法是在对立双方之间寻找中间立场。莱利说道，"我相信这两种不同的数学教学观点之间存在一个中间立场"（p. 489）。寻求中间立场将终结引发论战的"非此即彼"心态。

莱利部长所倡导的中间立场也许是结束论战和解决教育争端最常用的策略。该策略敦促交战各方团结一致、找到共同点，以便向前迈进。它基于一个假设，即双方都有对错。那这也意味着，双方都有一些可借鉴的地方，两者都有贡献。好的教育需要融合双方的一些策略；因此，在解决教育争论时最常用的句子之一是"两者都需要"。该策略还假设双方在某些方面都是错误的，即没有一方拥有完整的解决方案。该策略希望将对立方法中的有效要素结合起来，并创造一种"平衡的"教学法。

中间立场的一种体现是寻求共识。通常在独立组织或政府机构（如美国国家数学教师协会、美国国家研究委员会或美国教育部）的赞助下，专家组被要求审查证据并提出结合双方观点的建议。这样做的目的是，即使无法让双方都积极认可，但双方也都能接受。例如，美国国家阅读小组的建立据称是为了在科学研究的基础上就阅读教学的有效方法达成共识并结束"阅读大战"而做出的努力。美国国家数学咨询小组（National Mathematics Advisory Panel）也是出于同样的目的建立起来的，以服务于美国数学教学。

然而，寻求中间立场的方法并没有奏效。莱利的努力并没有结束这场"数学大战"。1998 年，他呼吁停止"数学大战"；但不到两年后，他就被美国保守派智库胡佛研究所的威廉姆森·埃弗斯（Williamson M. "Bill" Evers）指责"重新点燃了数学大战的战火"。埃弗斯后来在布什政府担任美国教育部助理部长，并在 2016 年被选为特朗普—彭斯过渡时期的美国教育部"机构行动小组"负责人。论战仍在继续。2004 年，美

　　　　　　　　　　　　　　　　　　　　　教育效果的辩证

国《纽约时报》一篇题为《班级倍增，但数学教学却分裂》(*The Class Multiplies, But the Math Divides*)的文章报道了纽约的"数学之战"(Freedman, 2004)。2015年，美国《时代》杂志的一名记者在一篇题为《新数学反击》(*The New Math Strikes Back*)的文章中观察到新数学的回归，这一标题灵感来源于《星球大战》(Phillips, 2015)。

寻求共识的努力也未能有效地结束论战。2006年，时任美国总统布什成立了美国国家数学咨询小组，以寻求数学教育的共识和中间立场。该小组于2008年发布了最终报告。该报告迅速招致了广泛的批评。例如，美国斯坦福大学教育学教授乔·鲍勒(Jo Boaler, 2008)写道：

> 美国国家数学咨询小组的报告呈现了这样一个案例：政府不仅控制着审查研究小组的成员（该小组由教育保守派而不是数学研究者主导），而且还控制着公众所接受的知识形式。该评估小组的报告遵循美国政府的指示，而无视了数学教育研究领域的意见，它传达了这样一种观点，即在我们寻求帮助儿童学习的方法时，应该由政府而不是学术研究者来决定哪些知识形式是合法的。当政府介入控制研究和知识生产，限制研究者使用的方法和可接受的知识形式，使得整个研究领域都失效时，就是时候承认美国引以为豪的思想自由和探究自由受到了非常严重的打击。(p.592)

正如第二章所讨论的，美国国家阅读小组也没有成功平息"阅读大战"。结束论战的呼声或认真的尝试不乏其人，但论战并没有结束。教育继续陷入钟摆运动之中。寻求中间立场、平衡和共识始终难以实现(Larson, 2017)。

对万灵药的追求

这种难以实现的情况与教育中对万灵药不切实际的追求有很大关系。尽管理智的人们通常不会相信这种万灵药的存在,但普遍有效的政策和实践的错误信念在整个教育史上一直存在,至今仍然盛行。

政策制定者渴望找到适用于所有孩子、所有目的和所有情况的解决方案,以便他们能够制定可以在所有学校统一实施的政策。例如,2006年建立美国国家数学咨询小组的行政命令责成该小组向美国总统(和教育部长)提供建议,以"有效实施政策,促进美国学生更多地了解数学并提高数学成绩"(National Mathematics Advisory Panel, 2008, p. 71)。时任美国总统布什希望该小组推荐"经证明有效且基于科学证据的数学教学法"(p. 71)。人们假定,该小组的建议将适用于所有美国学生。美国国家阅读小组也有同样的任务,并提出了预期对所有孩子都有效的建议。

> 尽管理智的人们通常不会相信这种万灵药的存在,但普遍有效的政策和实践的错误信念在整个教育史上一直存在,至今仍然盛行。

教育解决方案制定者同样急于声称他们拥有在任何情况下都适用于所有儿童的解决方案。例如,美国国家直接教学法研究所在2017年声称直接教学法对所有学生均有效:"其创建者齐格弗里德·恩格曼博士(Siegfried Engelmann)和韦斯利·贝克尔博士(Wesley Becker)及其同事相信并证明,正确应用直接教学法可以改善学业表现以及某些情感行为。"该研究所进一步声称,直接教学法具有四个主要特征,"其可以确保学生比使用其他任何可用的程序或技术都学得更快、更有效率"。同样,让每一个学生成功基金会(Success for All Foundation,2017)的网站上写道:"结果继续表明,'让每一个学生成功'的方法在学校中取得了多么大的成功。学校不断看到学生阅读能力出现显著提升。"

如下所述,在教育中寻求万灵药般的解决方案阻碍了教育在许多方面取得有意义的进步。

永不停息的论战与钟摆效应

在寻求万灵药的过程中,中间立场是不被允许存在的。教育论战总是以"赢者通吃"的方式解决。当某种特定的解决方案赢得了政策制定者的青睐时,它就变成了作用于所有孩子的万灵药,就像阅读优先计划的案例一样。尽管存在批评和挑战,但相关政策必须得到执行,并且教育工作者必须对在实践中忠实执行该解决方案负责。

> 负面证据或无效证据往往被丢弃,因为其被认为源于专业或商业上的嫉妒、意识形态驱动的攻击或实施者执行不力。

同样,一种解决方案的支持者很少接受"存在优于他们主张的其他解决方案"这一想法。他们坚持自己的解决方案。而且,他们总是能整理出足够多的证据来证明他们提出的解决方案的有效性。负面证据或无效证据往往被丢弃,因为其被认为源于专业或商业上的嫉妒、意识形态驱动的攻击或实施者执行不力。他们拒绝承认他们的解决方案可能无法在所有情况下都同样有效。因此,他们不愿意退让以给中间立场留出空间。

对万灵药的追求排除了妥协和中间立场。由于任何自称万灵药的解决方案都注定会失败，这一追求导致了钟摆效应。由于没有任何解决方案能够在所有情境中都有效，一个特定的解决方案自然在某些情况下对某类学生、某些效果来说更有效，而在其他情况下可能根本不起作用。更糟糕的是，它在其他情况下可能会产生负面影响。

正如阅读优先计划的故事所例证的那样，有关缺乏成效和负面影响的证据逐渐积累，渐渐侵蚀了人们对该解决方案最初的信心。同时，批评者和那些曾经输掉了之前的论战但从未完全放弃的对立方，重新提出解决方案并展示他们的解决方案如何更好地发挥作用，特别是在解决受到负面影响的结果方面。这两股力量开始共同影响政治和公众舆论的风向。最终，老牌的解决方案变成了失败者，并让位给新的解决方案，从而引发了另一次钟摆摆动。

阻碍平衡

相信存在万灵药的信念和对其的追求阻碍了教育从业者寻求平衡和找到中间立场的努力。把寻求中间立场的重担转移到教师身上已经被称为流行。教师被敦促打破钟摆效应，在他们的课堂中结束论战。美国国家数学教师协会主席马特·拉森（Matt Larson, 2017）写道："要推动数学教学向前发展，我们必须抵制被推向极端的冲动。我们必须尽自己的力量来打破历史性的钟摆效应。"但由于相信存在万灵药的信念，这个合理的建议实际上是不切实际的。原因有很多。

> 相信存在万灵药的信念和对其的追求阻碍了教育从业者寻求平衡和找到中间立场的努力。

首先，教师经历了追求万灵药式的教育。他们倾向于用自己曾经接受教育的方式来教学（Kennedy，1991）。他们接受的教育对他们自己的教学实践有重大影响。他们很可能会被自己接受的教育"洗脑"，特别是职前教师教育阶段，这可能会导向一种特定的教育观。赫希（E. D. Hirsch，2010）和其他保守派指责教师教育项目通常偏向于以儿童为中心的方法。因此，追求万灵药式的教育环境不太可能帮助教师发展出批判性讨论教学方法优缺点的能力。

> 即使教师愿意并有能力寻求中间立场，同时能够灵活地运用他们认为适合学生的方法，他们通常也不被允许这样做。

其次，即使教师愿意并有能力寻求中间立场，同时能够灵活地运用他们认为适合学生的方法，他们通常也不被允许这样做，因为他们必须遵循政策制定者偏爱的方法。在自然拼读法成为《不让一个孩子掉队》法案中最受欢迎的教学实践之后，教师被迫或被教导要忠实地遵循它。

最后，即使没有政策要求，当学校采用某种教育解决方案时，教师也被要求要高度忠实地实施对应的教学方法。解决方案的开发者要求如此。几乎所有的解决方案开发者都将其成功的条件建立在忠实实施之上。正如美国国家直接教学法研究所（2017）的声明所例证的那样："正确应用直接教学法可以改善学业表现以及某些情感行为。"如果教师偏离了方向，则说明他或她没有正确使用直接教学法，并因此降低了该教学法的有效性。

误导政策制定者、公众和家长

追求万灵药式的解决方案还会导致广泛的错误信息，并误导政策制定者、家长和公众。当一种解决方案被吹捧为万灵药时，它仅引用最佳证据来证明有效性，并声称该有效性普遍适用于所有个体或群体，就像阅读优先计划一样。但

> 追求万灵药式的解决方案还会导致广泛的错误信息，并误导政策制定者、家长和公众。

实际上，它可能仅对某些孩子的某些结果有效。结果，政策制定者、家长和公众都被误导，并相信该解决方案适用于所有人。而当现实暴露出来时，政策制定者、家长和公众意识到这个解决方案对一些孩子没有任何效果，甚至会产生负面影响。

而没有效果在某种程度上是一种负面效果，因为对某种解决方案精力投入就阻止了政策制定者和家长寻求可能对孩子有帮助的其他解决方案。这就像癌症的误诊一样。尽管癌症患者可能接受了无害的无效治疗，但其也可能因此错过成功治疗的机会，导致癌症进一步恶化。

为过去辩护

追求教育中的万灵药有时会导致一种倾向，即为过去辩护。相信存在万灵药的信念会导致人们相信已经开发出的东西就是最好的，没有必要进行改进。因此，倡导者致力于捍卫自己所拥有的东西，而不是寻求改进。从政治和经济的角度来看，收集和报告有效性证据对教育解决方案的开发者来说是比寻找无效证据更符合他们的最大利益的。但是。寻找无效证据是完善解决方案或寻求开发替代解决方案的动力。对开发者来说，选择性地报告有效性证据而不是承认其解决方案的局限性也是符合其最大利益

> 在对立观点之间寻求中间立场或平衡这一政治正确的建议从科学的角度来说是不负责任的。

的。但需要再次强调的是,承认局限性才能激励改进。

此外,在对立观点之间寻求中间立场或平衡这一政治正确的建议可能具有一种天然的缔造和平的吸引力,但在科学的角度上是不负责任的。它实质上是在暗示双方都发现了有效的教育方法,尽管双方都可能遗漏了一些东西,但是将两者结合起来会有很好的效果。但现实是,一种方法可能在某些情况下非常有效,而另一种方法则完全无效。两者的结合实际上会降低前一种方法的有效性。

对副作用的忽略

《剑桥英语词典》将副作用定义为"某些事物在产生预期效果的同时产生的不良或意外结果与状况"。如前几章所述,现代医学的进步很大程度上归功于对效果和副作用的关注以及随机对照试验的使用。政府法规要求开发商在批准使用医疗产品之前确保安全有效。因此,所有制药公司,无论愿意与否,都必须收集有效性和不良反应的证据。他们必须清楚地说明并用证据证明产品可以治愈哪些疾病,而不能声称其可以治愈所有疾病。他们还必须研究并报告产品有效或可能造成伤害的条件。正是对效果和副作用的强烈关注促使人们努力寻找减轻副作用的方法,或者通过发明新的医疗产品来避免这些副作用,从而带来(医学领域的)重大进步。

但是教育仍然停留在万灵药时代。不仅人们普遍相信有一种能为所有人解决所有问题的万灵药,而且倡导者普遍拒绝相信他们的解决方案会造成伤害的情况。无论是在政策、教学方法还是课程层面,当大家在推广教育干预措施时，很少有人会认为自己的教育干预措施可能会产生不良副作用。没有政府或专业法规要求教育干预措施的开发者研究和报告潜在的副作用。几乎所有的教育研究都只专注于证明或反驳干预措施的有效性。几乎没有一篇研究论文会同时报告教育产品、教学策略或教育政策的有效性和不利影响。美国有效教育策略资料库（What Works Clearinghouse, 2014）并不要求报告干预措施的副作用，只要求报告其有效程度。

> 几乎所有的教育研究都只专注于证明或反驳干预措施的有效性……美国有效教育策略资料库……并不要求报告副作用。

相信教育领域存在万灵药的信念是教育领域没有研究副作用的传统的原因之一。但这不是唯一的原因。对教育的积极认知是另一个原因。教育被普遍认为是好的，因此很少有人会自动将教育与任何不良影响联系起来。因此，当人们考虑进行教育干预时，他们认为自己只需要知道这些干预措施是否有效，而无需考虑它们造成伤害的可能性。另一个可能的原因是，教育造成的损害可能需要很长时间才能被观察到或感受到，这与药物的副作用完全不同（尽管即使在医学上，在某些情况下对健康的负面影响也可能在几年后才会出现）。因此，研究或了解教育的副作用相当困难。

> 教育造成的损害可能需要很长时间才能被观察到或感受到，这与药物的副作用完全不同。

对教育结果的狭窄定义也可能使人们很难观察到不良影响。今天，在政策、教育研究和学校评估中普遍包含的教育结果定义指向了少数科目的认知能力，其通过标准化测试来衡量。不出所料，教育有效性的证据几乎完全采用标准化测试分数来衡量。然而，还存在其他同样重要、甚至更重要的结果。个人品质、兴趣、创造力、批判性思维、自我调节、动机、心理健康和参与度都被认为是重要的教育结果（Duckworth & Yeager，2015；Partnership for 21st Century Skills，2007；Wagner，2008,2012；Zhao，2016a）。仅仅参照考试成绩并不能让我们知道一种经研究发现在促进认知能力方面有效的干预措施是否会对个人品质和动机产生不利影响。

激烈的论战与新的万灵药：小结

对19世纪和20世纪初流行的灵丹妙药（*Miraculous Elixirs*）或万灵药等的彻底拒绝极大地促进了医学领域的变革。通过拒绝（相信）万灵药，医学领域得以找到治疗特定疾病的方法。如本书第二章所述，该领域还能够考虑药物有效性对某些群体和特定个体的局限性，并且对安全性的强调进一步促使了有关副作用的研究。

> 对19世纪和20世纪初流行的灵丹妙药（*Miraculous elixirs*）或万灵药等的彻底拒绝极大地促进了医学领域的变革。

要想取得类似的进步，教育领域就需要拒绝对万灵药的追求，并开始要求研究和报告副作用。除了阅读和数学大战外，还有许多其他论战一直在发生。一场介于**以儿童为中心的教育与以课程为中心的教育**之间的百年论战为阅读和数学大战埋下了伏笔。关于教育应该优先遵循儿童的发展规律还是应该以规定的教学内容为重这一争论几乎在教育的所有方面都挑起了争端：从所有学科的教学法到课程，从学校组织到师生关系，从教师教育到评价。这些论战无法轻易解决，因为从根本上说它们涉及教育的结果，即学校应该生产什么样的"产品"：民主社会的公民、劳动力还是争夺社会地位的个人（Labaree，1997）。教育的目的是一个价值问题（Biesta，2010），实证证据对于解决争端并没有太大作用。但是，摒弃把争议双方都当作万灵药的想法，同时揭示双方的不良副作用，这可以帮助政策制定者、家长和公众做出明智的决定。

关于**特许学校、择校和公立教育私有化**的论战同样存在（Fuller & Elmore，1996；Gorard，1999；Ravitch，2013）。迄今为止，相关证据是极为混乱和令人困惑的。有大量证据支持特许学校的有效性，同样有大量证据表明特许学校无效。也许，如果我们放弃将择校视为一种万灵药的信念（即认为择校计划对于所有孩子在所有情境和某些教育目的上都有效），并且承认它在某些情境下发挥作用的可能性，那么论战就会平息。同时，有关效果和副作用的证据还可以帮助政策制定者、家长和公众就私有化和择校的政策与实践做出明智的决定。

关于**班级规模**的论战也是存在的，这与教育投资和支出之争直接相关（Hansen，2013；Krueger，Hanushek，& Rice，2002）。同样，其他的论战也还有很多，举几个例子，如**年级留级、分班制、增值教师评价以及资优计划**等。这些论战和争端都可以从结束对万灵药的追求以及从研究和报告副作用中受益。

近年来，教育领域也出现了新的万灵药式的解决方案。这些新的万灵药式的解决方案已经变得流行起来，但它们也受到了挑战。例如，正如我们所见，**可见的学习**所推广的教学策略（Hattie，2008）在世界各地的课堂中如雨后春笋般传播开来，但其背后的工作被称为伪科学（Bergeron，2017）。**成长型心态**（Dweck，2006）和**毅力**（Duckworth et

教育效果的辩证

al., 2007；Duckworth & Yeager, 2015)作为"治疗"学业成绩低下的"新药"引起了全球教育领导者的关注,但它们的有效性也受到了质疑(Credé, Tynan, & Harms, 2017)。**亚洲教育**已经成为教育成功的典范(Tucker, 2011,2014),但其也遭到了广泛的批评(Zhao, 2014)。

如果我们不认真对待错失的医学经验,并开始研究和考虑教育决策中的效果和副作用,那么教育领域就会持续出现激烈论战和万灵药。

第八章
重视研究副作用
号召行动

最近,在美国保守派智囊团托马斯·福特汉姆研究所发布的一份报告中,以儿童为中心的课程被列为预测新特许学校失败的三大"风险因素"之一(Nicotera & Stuit, 2017)。该报告旨在指导特许学校授权机构的决策。其他两个风险因素是"缺乏已识别的领导力"和"高风险、低剂量",即"申请人计划为处于风险中的学生提供服务,但计划采用'低剂量'的学术项目"(p. 5)。

尽管该报告没有直接说明这一点,但向授权机构传达的信息很简单:他们应该对"提出采用以儿童为中心、基于探究的教学方法,如蒙台梭利(Montessori)、瓦尔多夫(Waldorf)、帕迪亚(Paideia)或体验性项目的申请持谨慎态度"(Nicotera & Stuit, 2017, p. 5),因为"它们是未来学校表现的有力预测指标"(p. 11)。此外,这三个风险因素"是申请书书面内容中容易发现且难以把控的信息"(p. 11)。

将"以儿童为中心的课程"列为三大风险因素之一的原因是基于以下发现:当遵循以儿童为中心的课程时,学校的考试成绩不太可能体现其教育质量。报告承认,以儿童为中心的教学方法"并不是为了让学生在联邦州和授权机构通常用来评判学校表现的那种评估测试中表现出

　　　　　　　　　　　　　　　　　　教育效果的辩证

色——换句话说，就是我们的研究团队在进行这项分析时用来判断质量的评估测试"（Nicotera & Stuit, 2017, pp. 5 - 6）。

然而有趣的是，该报告的作者承认"质量（高低）是一种主观感受"，因为他们发现"许多以儿童为中心的学校在教育需求方眼中并不是'失败'的"（Nicotera & Stuit, 2017, p. 6）。该报告指出，以儿童为中心的学校中，家长的满意度可能具有误导性，因为从考试成绩来看，这些学校中学生学习的证据很少。"选择这些学校的家长可能不在乎这些学校在考试成绩上的'低增值'"（p. 6）。

该报告的作者声称："学校的存在不仅是为了让其直接的需求方受益，而且应为公共利益——建立一个民众受过良好教育的社会——作出贡献"。（Nicotera & Stuit, 2017, p. 6）为了确保所有孩子都能学习，从而建立一个民众受过良好教育的社会，该报告建议特许学校的"授权机构必须平衡家长的满意度以及确保所有学生都能学习的公共权利"（p. 6）。

显然，福特汉姆报告的作者是根据美国各州和授权机构所使用的评估测试分数来判断教育质的。但是以儿童为中心、基于探究的教学模型"并不是为了让学生在这些方面表现出色"。因此，它们被认为是无效的，并且是特许学校授权机构在审查申请时应考虑的一个风险因素。

有趣的是，该报告并未提及为什么家长似乎对以儿童为中心的教育感到满意。如果家长不关心标准化考试的低分，那他们关心什么呢？很难相信有哪个家长不想让自己的孩子接受良好的教育。因此，家长肯定是关心其他事情。此外，如果以

> 以儿童为中心、基于探究的进步主义教育和以学术课程为主导的教育之间的分歧是引发阅读大战、数学大战、直接教学法与探究式学习之争、标准与测试之争以及国家课程之争的动力源泉。

儿童为中心的教学法的目的"并不在于让学生在考试中表现出色",那它的目的又是什么呢？该报告没有提到这些内容。

该报告举例说明了以儿童为中心的教育和课程/内容与以教师为中心的教育之间的百年大战。在美国，这就是进步主义与学术传统主义之间的论战（Evers, 1998；Norris, 2004；Ravitch, 2001；Wraga, 2001）。这场论战是所有教育论战的源头。以儿童为中心，基于探究的进步主义教育和以学术课程为主导的教育之间的分歧是引发阅读大战、数学大战、直接教学法与探究式学习之争、标准与测试之争以及国家课程之争的动力源泉。

为什么要研究副作用？

这场论战已经持续了很长时间，双方都声称自己在教育儿童方面卓有成效，并指责对方损害了儿童的未来，进而损害了社会的未来。论战阻碍了教育的真正进步。双方都希望向前发展，但都不愿承认失败。中间派敦促双方寻找中间立场，但并没有取得太大的成功，因为双方都认为自己已经找到了解决所有教育问题的万灵药。

前进的唯一希望是证据。人们似乎都同意教育应该是一个基于证据（不是任何证据，而是科学收集的证据）的政策与实践领域。借鉴自医学领域的随机对照试验已成为评判教育领域证据质量的黄金标准。但是，随机对照试验的问题在于，它能够说明某种干预措施是否

> 家长可能希望学校"不仅是为了让学生在考试中表现出色"，因为他们可能认为强调应试的教学法会对孩子造成不良结果。

有效地导致了某种结果，但无法说明这个结果是否可取，也无法说明其是否导致了其他结果。因此，随机对照试验对于解决进步主义教育者与学术传统主义者之间的争论无济于事。

例如，福特汉姆关于特许学校风险因素的报告显示，有证据表明以儿童为中心的教学会导致学生考试分数较低，但家长们并不在意分数，因此他们仍然是这种方法的热心需求者。此外，家长可能希望学校"不仅是为了让学生在考试中表现出色"，因为他们可能认为强调应试的教学法会对孩子造成不良结果。

在过去的 20 年里，尽管越来越多的证据通过随机对照试验被收集起来，但论战仍在继续。显然，仅仅收集更多的证据是没有用的，而且在将来可能也不会有用。针对某种干预措施，我们需要做的是收集关于其所有可能效果的有效且可靠的证据，即该干预措施可能引起的所有结果的证据。

做出明智的决定

收集干预措施所有可能效果的证据也许仍无法解决论战，因为教育是价值取向的（Biesta, 2010）。不同的人和不同的社会重视不同的结果。例如，有些人可能会看重阅读考试成绩，但其他人可能重视对阅读的热爱。一些社会想要培养具有服从性的公民，而另一些社会可能需要更具多样性和创造力的个体。虽然以科学方法收集到的有关所有结果的证据可能不会改变人们的价值观，但是它提供了更多的信

> 有些人可能会看重阅读考试成绩，但其他人可能重视对阅读的热爱。一些社会想要培养具有服从性的公民，而另一些社会可能需要更具多样性和创造力的个体。

息,以便教育需求方可以权衡不同选择的后果。

例如,东亚的教育体系或许最能代表学术传统主义者对高质量教育的观点,因为其严谨、注重核心学术科目、有明确的教学以及勤奋的学生和支持的家长。东亚的教育也为传统主义者提供了学术成就方面的有效性证据:在数学、阅读和科学方面的国际与比较测试中始终表现优异。这就是为什么传统主义者将东亚教育视为美国教育的典范(Evers,1998;Stevenson & Stigler, 1994, 2006;Tucker, 2011, 2014, 2016)。

但是,正如许多人所观察到的以及本书第四章中所介绍的那样,东亚教育的干预模式同样也会切实地带来一些其他结果。例如,研究发现它会导致信心下降、对学科学习的投入较少以及对学科的兴趣降低。此外,该体系还有效地减少了人才多样性,扼杀了创造力以及阻碍了独立思考和探究。此外,研究还发现东亚教育会导致过度的学术焦虑和压力、身体健康状况不佳、社会情感能力较差、整体上消极的社会心理健康状态甚至是产生自杀倾向(Jiang, 2010;Leung, 2002;OECD, 2017;Zhao, 2014)。

这些是在东亚教育体系中观察到的影响。目前还不确定的是同时展示这两种影响是否会改变论战双方的坚定信念。但不管怎么样,尽管对于证据的理解取决于一个人如何看待教育,但这些有关积极和消极效果的证据无疑会帮助政策制定者、学校领导和家长权衡利弊,从而做出符合他们教育信念的最佳选择。

出于同样的原因,即为了做出明智的决定,东亚教育工作者也应该获得更多关于进步教育的其他效果的信息。东亚一直对美式教育赞叹不已,因为它在培养多样化的创新创造人才和快乐自信的孩子以及适应

　　　　　　　　　　　　　　　　教育效果的辩证

社会、情感成熟的学生方面卓有成效。东亚的家长和学生也羡慕美国的孩子,因为他们拥有参加体育运动、音乐和自由比赛的机会,拥有轻松的学校生活、与教师同等的地位,同时没有焦虑和压力并能与社会和自然互动。如果可能的话,他们(东亚的家长和学生)也许根本不想关心考试成绩。这就是为什么一旦有机会,许多东亚家长就会追求美式教育的原因——要么去美国,要么让他们的孩子进入亚洲的美式学校;这也是为什么东亚国家发起了一系列教育改革来革新他们的教育(Gao, 2003; J. Kim & Kim, 2014; KH Kim, 2005; West-Knights, 2017; Zhao, 2009, 2014, 2015a)。东亚人所推崇的美式教育也许是一个浪漫化的版本,但其带有进步教育的特征。

显然,来自东亚的崇拜者并不熟悉一些人针对以儿童为中心、基于探究的进步教育教学法所发起的批评。他们没有被告知这种教学法是一个风险因素,是指向学校质量欠佳的一个警告信号。他们也没有收到那些指责 20 世纪初进步教育运动导致美国数学能力下降的提醒。《美国大西洋月刊》(*The Atlantic*)上的一篇文章指责说,"因为这一(进步教育)运动胜利了,比起提高美国民众的数学能力并确保他们能更好地适应日益复杂的技术和全球经济,美国学校让整整一代学生在数学上落后了"。该文章还将最杰出的进步教育倡导者之一威廉·赫德·克伯屈(William Heard Kilpatrick)描述为"试图葬送美国数学的人"(Whitney, 2016)。

赫希(E. D. Hirsch, 2010)是对以儿童为中心的教育最有影响力的批评家之一,他分享了对进步教育结果的评估:

到了 1950 年,随着新的、打折扣的教科书和在专门的教育学院接受培训的新一代教师进入学校，学校中充斥着反书本主义、以儿童为中心的观点。结果是，在 1962 年至 1980 年间，美国十二年级学生的学业成绩急剧下降。此后，尽管学校进行了大力改革，但美国联邦政府资助的《国家教育进步评估》中的阅读和数学成绩却几乎没有改变。

布什政府前教育部助理部长、保守派智库胡佛研究所的研究员威廉姆森·埃弗斯在 1998 年出版的《美国课堂出了什么问题》(*What's Gone Wrong in America's Classrooms*)一书中将美国学生数学成绩不及亚洲国家学生的原因归咎于进步教育。事实上，这本书所涵盖的整个论文集都是由著名的传统主义学者撰写的，如赫希(E. D. Hirsch)、里德·里昂(Reid Lyon)和哈罗德·史蒂文森(Harold Stevenson)。他们的观点都是关于进步教育如何出错以及为什么传统主义者才是正确的。

> 我们需要独立的研究者同时审查和报告教育干预措施的所有效果，包括主要效果和副作用。

但是，由于教育领域缺乏同时调查和报告效果与副作用的传统，积极和消极影响的证据常常是由存在重大利益冲突的各方分别报告的。观察者可能会寻找支持其观点并强调对方观点的不良影响的证据。因此，证据的可信度、有效性和可靠性大打折扣。我们需要独立的研究者同时审查和报告教育干预措施的所有效果，包括主要效果和副作用。

停止钟摆效应

掌握有关教育方法效果和副作用的更完整的信息可能无法阻止意识形态之争，但这有助于让永不停歇的钟摆效应停下来，即陈旧观念的循环往复。当论战的一方因其积极影响而赢得政治或公众青睐、但又不考虑其潜在的不利影响时,教育钟摆就会被拉向一个极端。渐渐地,当人们意识到它的副作用或不受欢迎的结果时,他们就会开始寻找新的解决方案。这时,一种曾经因其不良影响而被抛弃的旧方法开始显得有吸引力,钟摆又会逐渐被拉向另一个极端。

如果一项政策、教学策略或教学计划的积极和消极影响的信息能够被了解、报告和传播,以便人们了解利弊,那么理性的人就更有可能在做出决定之前努力权衡正面效果和负面效果。这样一个理性和基于证据的决策过程使得人们不太可能只对正面影响抱有不切实际的期望。他们会知道不存在万灵药。而且,他们会期望能够处理并找到缓解可能副作用的方法。当副作用出现时,他们既不会感到惊讶,也不会考虑放弃已采用的干预措施而转向新的干预措施。因此,教育中短暂的狂热风尚和思想的循环就会少一些。与其完全用一个新的思想取代一个旧的思想,我们不如努力去改进它。这是从新兴的改进科学领域学到的重要教训(Bryk, 2015)。

> 如果一项政策、教学策略或教学计划的积极和消极影响的信息能够被了解……理性的人就更有可能在做出决定之前努力权衡正面效果和负面效果。

早期对《不让一个孩子掉队》法案的热情就是一个缺乏有关日后可能出现的副作用信息的例子。如第一章所述,《不让一个孩子掉队》法案的局限性很快就显现出来。渐渐地,对《不让一个孩子掉队》法案的支持开始消失,最初的热情变成了对业内人士和奥巴马政府的批评和拒绝。当奥巴马政府未能成功替换该法案时,它允许美国各州不再执行该法案。这一法案所倡导的大部分内容都失去了可信度,甚至其缩小成就差距的主要目标也受到了质疑（Hess，2011；Zhao，2016b）。同样的情况也可能发生在《可见的学习》上。鉴于只考虑到它被赋予的"圣杯"标签以及在世界范围内的迅速传播，而没有考虑其潜在的副作用，人们对它的热情最终可能会减退。

激发创新

　　缺乏对副作用的关注使人们持续地相信万灵药的想法，这往往阻碍了创新。教育干预措施的开发者陷入了追求包治百病的计划和政策之中，期望他们的解决方案只会产生积极影响。很少有开发者会主动检查其干预措施的潜在副作用，因为如果发现并报告了这些副作用，那么可能会对开发者的商业或学术利益构成威胁。如果干预措施被认为对所有人和所有结果均有效，那么自然就没有改进的空间。当发现副作用时，剩下的只能是捍卫干预措施的有效性。如第三章所述，直接教学法就是这种情况，其支持者已将相关副作用的证据视为谣言。

> 如果考虑到副作用，那么阅读优先计划的构想和实施可能会有所不同。

　　承认没有任何一种教育干预措施可以普遍有效，这有助于将浪费在意识形态之争上的精力转向提高干预效果并最大程度地减少副作用。最大限度地减少负面影响本身就是进步，并且应该会有益于干预措施的开发者。有一个例子很有说明性，就是耗资 60 亿美元的阅读优先计划。该计划提倡显性教学或直接教学法。该计划被宣传为解决美国阅读问题的万灵药。时任美国教育部长玛格丽特 · 斯佩林斯（Margaret Spellings）将其比喻为治愈癌症的方法，因为它是基于科学研究和事实的。但是，由于"科学研究和事实"并未研究副作用，因此没有关于其对所有学生和所有教育结果是否有效的信息，甚至没有关于阅读能力各方面效果的信息。正如第二章所讨论的，最终评估发现该计划并未显著提高阅读理解力，因此它被认为是失败的。但是，现实情况可能是该计划对某些学生产生了积极影响，对另一些学生没有影响，而对另一些学生则产生了负面影响(Gamse, Jacob, et al., 2008)。

如果考虑到副作用，那么阅读优先计划的构想和实施可能会有所不同。更重要的是，如果直接教学法的支持者愿意调查可能的不良影响，他们将会更多地了解到该教学法的效果如何在不同学生群体（基于ATI）和不同结果之间发生变化。因此，他们本可以努力为某些学生开发更有效的干预措施，并避免将阅读优先计划应用于其他一些学生。那么，该计划将不会被视为彻底失败。相反，如果我们了解它如何影响不同学生的不同结果，我们就会在此基础上继续改进它。现在，我们只能看到又一轮论战。支持者浪费时间来捍卫其有效性，而反对者则批评它。

避免教育事故

研究和报告副作用可以为更好地实施干预措施提供指导，从而有助于避免伤害学生的教育事故。在医学上，患者总是被告知效果和副作用，以便他们做出明智的决定。此外，关于特定人群可能发生副作用的相关条件信息也被提供，例如针对特定人群（如特定年龄以下的儿童、孕妇和患有某些既往病史的人）给出特定警示。与其他药物或与酒精混合服用时可能引起副作用的药物也会为其目标患者提供警示信息。

然而，教育干预措施虽然一直作用于学校、家长和学生，却没有提供关于副作用的警示。对于特定干预措施在何种条件下会对学业成就产生预期效果或使用这些干预措施可能会出现哪些副作用，我们知之甚少。因此，一旦这些干预措施被使用，它们很可能会产生不同的效果，包括促使某些学生而不是其他学生获得理想的教育结果，或者是以牺牲其他同等（甚至更多）可取结果为代价来促进某些结果。了解有关副作用的信息，特别是负面副作用发生的条件，有助于指导教育干预措施的正确实施，并避免疏忽大意的事故。

我们为何还没有？

是药三分毒。教育计划、方法和政策确实与医疗产品没有什么不同：当它们治愈疾病时，也会造成伤害。有新的证据表明教育方法、计划和政策存在着副作用，尽管这些证据往往是由批评者收集的，其目的是反驳特定干预措施的有效性，而不是由干预措施的开展者和倡导者自愿收集的。这表明副作用不仅存在，而且并非完全被忽视。

文献表明，教育中出现副作用主要有两个原因。首先，如 ATI 理论和研究所证明的那样，个体学生情况的差异与干预措施交互作用，这导致不可能有一种干预措施能对所有学生都产生积极影响。因此，效果可能因学生的个体特征而有所不同，从积极的到无效的到消极的不等。换句话说，同一种干预措施可以帮助一些学生，但伤害到另外一些学生。其次，教育结果的广泛谱系的多样性使得一种干预措施无法对所有教育结果产生统一的影响。因此，一种干预措施的效果可能会促进一种结果,但会阻碍其他结果。

像医学领域一样对待教育中的副作用有助于解决教育中人为制造的分歧并推动该领域的发展。但是,在许多关键方面,教育项目的负面影响并未得到像医疗产品的副作用那样的处理。

像医学领域一样对待教育中的副作用有助于解决教育中人为制造的分歧并推动该领域的发展。

首先,没有法规要求教育干预措施的开发者在提供其有效性证据时审查和披露潜在的副作用。因此,大多数教育产品的开发者、政策制定者及其支持者只专注于提供证据以展示其益处和积极效果。即使是综述性的研究,例如大量的元分析研究,也都致力于证明或反驳某些方法或政策的有效性(Hattie, 2008; Shakeel et al., 2016; What Works Clearinghouse, 2014),而不注意潜在的负面影响。因此,教育需求方(教师、家长、教育领导者、学生和公众)只能获得关于有效性的信息,而不了解潜在的相关代价。在可能造成的损害超过好处的情况下,也许最好不要使用该产品,即使在某种程度上它是有效的。

其次,教育项目的负面影响即使偶尔被发现,也不会被视为该项目或政策的固有特性。相反,它们通常被视为是意外、未预料到的后果或执行不力的结果。尽管并非所有负面影响都是可以预见的,并且有理由相信教育领域的政策制定者或产品开发者无意造成伤害,但是一些负面影响是可以根据过去的经验和合理的推理提前预测的。例如,根据坎贝尔定律(Campbell's Law),《不让一个孩子掉队》法案的副作用或附带损害是可以预见的。该定律指出:"定量社会指标越多地用于社会决策,就越容易受到腐败的压力和影响,也就越容易扭曲和腐败其旨在监控的社会进程。"（Campbell，1976，p. 49）尼科尔斯（Nichols）和贝利内（Berliner）在其 2007 年的著作中报道的腐败案件就是由《不让一个孩子掉队》法案造成的。如果政策制定者注意到了唐纳德·坎贝尔（Donald Campbell）的警告，这些案件本可以避免或弱化。

当教育中的副作用偶尔被报道时，这通常来自于产品的反对者和批评者。但是，这些反对者和批评者往往不会公正地考虑产品或政策的效果，也没有机会或资源进行相关的原始研究。因此，所报告的副作用常常被认为缺乏客观性或科学严谨性，或者出于意识形态的动机而被抛在一边。这是教育领域长期存在"论战"的一个原因——两个对立的文献体系在没有太多真正互动的情况下并行存在。结果，大量的研究精力被浪费在没有带来改进的研究中。

教育领域的改进进展缓慢。

教育领域的改进进展缓慢，主要是因为它在很大程度上未能建立在过去的经验基础上（Bryk，2015）。建立在过去经验基础上的一种方法是将副作用视为研究的一个组成部分。对副作用的研究可以激励产品开发者和政策制定者改进其产品和政策，以最大限度地减少副作用，或者开发出引起较少损害的替代产品和政策。它还可以更好地指导教育需求方选择最适合自身的产品和政策，同时考虑效果和副作用。此外，努力了解副作用可以防止破坏性的产品和政策被采纳，尽管它也具有有效性。如果一个产品的风险大于其收益，那么就不应该允许它进入学校。

教育效果的辩证

号召行动

本书旨在为教育干预措施的效果提供强有力的论据,就像医疗领域对待医疗产品的效果一样:效果和副作用是同一枚硬币的两面。假设本书已经成功说服了读者并证明这一观点是可靠的,那么我们就需要采取行动,将教育转变为一个同样重视效果和副作用的领域。正如医学史所表明的那样,这种转变并非易事,但却是可以做到的。米歇尔·梅多斯(Michelle Meadows, 2006)在其对美国食品药品监督管理局历史的反思中引用了该局历史学家约翰·斯旺(John Swann)的说法:"仅仅在大约100年前,医疗领域还是一个充满威胁的市场,其中充斥着威廉·拉达姆(William Radam)的微生物杀手(Microbe Killer)和本杰明·拜(Benjamin Bye)的舒缓芳香油(Soothing Balmy Oils)等治疗癌症的产品。"梅多斯指出:"这样的产品至少是无效的疗法,只会掏空使用者的口袋,而且它们也可能会对人体造成严重伤害。"一百年后,我们的医学领域发生了翻天覆地的变化。

> 我们就需要采取行动,将教育转变为一个同样重视效果和副作用的领域。

医学领域的变革是由公众、科学家、政府机构和媒体共同而非一致的努力去推动的。教育领域的转型也需要类似的共同努力。每个人都可以发挥作用。

公众与消费者(需求方)

公众和消费者在医学变革中发挥了重要作用。美国妇女俱乐部和全国消费者联盟在美国第一部食品药品法案，即 1906 年的《纯净食品和药品法》(也称为《威利法》)的制定和执行中起到了关键作用。该法案以哈维·威利博士(Dr. Harvey Wiley)命名，以表彰他在该法案通过过程中的重要工作。美国食品药品监督管理局历史学家华莱士·詹森(Wallace Janssen, 1981)写道："历史学家和威利博士本人都称赞美国妇女俱乐部的女性扭转了舆论趋势，使其转而支持'纯净食品'法案。"

为了改革教育，公众和消费者同样可以发挥重要作用。教育研究、政策和产品的需求方应该牢记教育中没有万灵药，因此应该关注教育政策、计划和教学方法的潜在负面影响。他们应该询问有关教育干预措施的效果和副作用的信息。例如，当发布者来推广他们的产品时，学校领导、教师和家长应该始终询问有关副作用的信息。此外，公众可以发挥更加积极的作用，要求政府(从联邦政府到地方机构，例如学校董事会)提供有关学校引入新干预措施的潜在副作用的信息。

政府

美国食品药品监督管理局的成立和监管药品行业的各种法规的颁布对于医学领域转型至关重要。虽然短期内期望美国联邦政府在教育领域采取类似的行动可能不太现实，但各级政府可以立即采取行动。例如，美国联邦教育策略信息交换中心，即有效教育策略中心，应考虑并在其审查中纳入有关教育手段、方法、产品或政策负面影响的信息。这一举措将有两个目的。首先，它将鼓励教育研究者和产品开发者认真考虑副作用。其次，它将为教育需求方(教育工作者、家长和政策制定者)提供做出明智决策的信息。

包括美国教育部在内的美国联邦研究资助机构,特别是美国国家教育科学研究所(National Institute of Education Sciences)和美国国家科学基金会(National Science Foundation)可以在其资助决策中考虑研究是否拟议检查和报告副作用。例如,他们可以从将调查副作用作为优先考虑的标准入手,以鼓励同时探究效果和副作用的研究。当时机成熟时,他们可能要求所有旨在开发新的教育干预措施的研究都检查和报告效果与副作用。

此外,美国联邦机构应将资金投入用于构建理论、发现新结构和制定新措施、改进研究设计和方法以及推进用于研究效果和副作用的统计模型的研究项目。这对于改革教育尤为重要,因为尽管有关副作用的证据不断出现,但就不同结果与不同人群之间的不同关系尚无明确的理论化或实证验证。在同一项研究中调查效果和副作用也可能需要新的方法和统计模型。此外,可能还有一些重要的教育结果构建因素尚未被发现。最后,许多提议的教育结果需要更好的衡量工具,并且需要加以开发。

美国州一级和区一级的政府也可以采取一些行动。幸运的是,美国拥有一个分散的教育体系,该体系可以在没有美国联邦授权的情况下进行地方行动。各州可以独立制定和执行法规,要求教育项目的供应商取得在美国销售的获准之前披露有关潜在副作用的信息。当地学校董事会也可以采取类似的行动。

教育研究者

科学家在医学领域的变革中发挥着至关重要的作用。他们不仅提供了科学发现,还通过他们的行动让公众了解药物的危险性。在美国食品药品监督管理局成立之前,医生们采取了行动,筛查并发布了有关药物副作用的研究结果。作为社会科学家,教育研究者在教育变革中也发挥着同样重要的作用。

首先,教育研究者应始终注意到副作用的存在,并应在其研究中主动调查、报告副作用。那些致力于开发新的教育干预措施(如计划和教学策略)的研究者应特别注意医学领域提出的"不造成伤害"的建议,并积极检查和报告可能的副作用。那些参与项目评估的人应避免仅寻找积极效果的证据,他们应该审查项目可能造成的损害。例如,当审视学校私有化和教育券时,我们不能仅仅因为参与者的测试分数更好而宣称成功(Shakeel et al.,2016)。我们还必须考虑对参与者其他能力、教师乃至对受项目影响的非参与学生的潜在负面影响。

> 教育研究界应将研究和报告副作用视为一个道德问题。

其次,教育研究界应将研究和报告副作用视为一个道德问题。美国教育研究协会(American Educational Research Association)是美国教育研究者的主要专业组织,其《职业道德准则》(AERA,2011)已包括"避免伤害"声明:"教育研究者在从事其专业工作时应采取合理措施以避免对他人造成伤害,当出现意外的负面后果时,教育研究者应立即采取措施,尽量减少伤害,包括在必要时终止工作。"但是这种避免伤害的观点是保守的,因为这些行动是在负面后果发生后才采取的。我们需要更加积极主动。因此,该声明的修订版可能是:"教育研究工作者应该积极主动地预见并调查负面后果……。"

然后,一流的研究组织,例如美国教育研究协会和学术期刊,可以要

　　　　　　　　　　　　　　　　　　　　　教育效果的辩证

求在研究文章中同时包含主要效果和副作用。这样的要求将迫使或鼓励教育研究者在研究中注意副作用。像美国食品药品监督管理局这样的政府组织不太可能发布这样的要求。但是一流的组织和期刊很有可能发起这一运动。

最后,研究界应认真对待干预措施实施后的副作用报告。与其将这些报告当作不公平或有偏见的批评、无知的神话、意外后果、实施不当,或者仅仅是不满的家长、学生或教师的抱怨,不如由教育干预措施的研究者和开发者承担起调查和回应此类报告的责任。美国食品药品监督管理局会一直监控副作用,并在产品的风险超过其收益时随时召回产品。

媒体和社交媒体

媒体在医学变革中至关重要。例如,美国食品药品监督管理局的历史学家华莱士·詹森(1981)写道:在通过美国第一部食品药品法的运动中,"《科利尔周刊》(*Collier's Weekly*)、《女士之家》(*Ladies Home*)和《好管家》(*Good Housekeeping*)等美国全国性杂志以漫画、文章和社论激起了公众舆论。厄普顿·辛克莱尔(Upton Sinclair)的小说《丛林》(*The Jungle*)中的一章促成了扩大美国联邦肉类监管的立法,以对所有州际销售的红肉进行持续检查。这比纯净食品法案所提供的控制更为严格"。

如今,媒体和社交媒体可以通过倡导研究副作用并在报道中讨论效果和副作用(而不仅仅是关注二者之一)来为教育改进作出重大贡献。尽管从最初的诊断中排除重要的起因也许已经注定了其失败,但是如果

《不让任何孩子掉队》法案的报道更频繁地在同一篇报道中同时囊括效果和副作用，那么我们的教育可能会有所不同。

研究副作用的副作用：结论

毫无疑问，这些建议的行动也会产生需要解决的副作用。研究和报告预期的主要效果以及副作用的副作用之一是增加了政府、资助机构、专业组织以及学术期刊和会议对教育产品开发者和研究者的监管和要求。其背后的副作用可能是需要额外的资源来调查教育研究中的副作用，这可能会给某些开发者和研究者增加负担。研究副作用的另一个可能的副作用也许是有关干预措施的信息过多，这可能导致混乱、不确定性和实施延迟。

但是，当我们开始解决这些建议的副作用时，教育领域将得到进一步发展。这就是我们改进的方式。

教育效果的辩证

参考文献

Abdulkadiroglu, A., Pathak, P. A., & Walters, C. R. (2015). *School vouchers and student achievement: First-year evidence from the Louisiana Scholarship Program.* Cambridge, MA: National Bureau of Economic Research.

Abramson, L. (2007, July 27). Funds for "Reading First" program in peril. *National Public Radio.* Retrieved from www.npr.org/templates/story/story. php?storyId=12295349.

Adams, G.L., & Engelmann, S. (1996). *Research on direct instruction: 25 years beyond DISTAR.* Seattle, WA: Educational Achievement Systems.

American Educational Research Association(AERA). (2011, February). Code of ethics: American Educational Research Association. Retrieved from www. aera.net/Portals/38/docs/About_AERA/CodeOfEthics(1). pdf.

Anderson, L.W., & Sosniak, L.A. (1994). *Bloom's taxonomy.* Chicago, IL: University of Chicago Press.

Anderson, L.W., Krathwohl, D.R., Airasian, P., Cruikshank, K., Mayer, R., Pintrich, P., ... Wittrock, M. (2001). *A taxonomy for learning, teaching and assessing: A revision of Bloom's taxonomy.* New York, NY: Longman.

The Annie E. Casey Foundation. (2010). *Early warning! Why reading by the end of third grade matters.* Retrieved from www.aecf.org/m/resourcedoc/ AECF-Early_Warning_Full_Report-2010. pdf.

The Annie E. Casey Foundation. (2013). *Early warning confirmed: A research update on third-grade reading.* Retrieved from www.aecf.org/m/

resourcedoc/AECF-Early WarningConfirmed-2013. pdf.

Arrow, K. , Bowles, S. , & Durlauf, S. (Eds.). (2000). *Meritocracy and economic inequality*. Princeton, NJ: Princeton University Press.

The Aspen Institute (Producer). (2012, September 29). Reversing the middle-class jobs deficit [Panel discussion]. Retrieved from www. aspenideas. org/session/reversing-middle-class-jobs-deficit-0.

Auguste, B. G. , Kihn, P. , & Miller, M. (2010). *Closing the talent gap: Attracting and retaining top-third graduates to careers in teaching: An international and market research-based perspective*. New York, NY: McKinsey.

Bailey, M. J. , & Dynaski, S. M. (2011). Inequality in postsecondary education. In G. J. Duncan & R. J. Murnane (Eds.), *Whither opportunity? Rising inequality, schools, and children's life chances* (pp. 117 – 132). New York, NY/Chicago, IL: Russell Sage Foundation/Spencer Foundation.

Bailey, N. E. (2013). *Misguided education reform: Debating the impact on students*. Lanham, MD: Rowman & Littlefield Education.

Baker, K. (2007). Are international tests worth anything? *Phi Delta Kappan, 89*(2),101 – 104.

Ballentine, C. (1981). Taste of raspberries, taste of death: The 1937 elixir sulfanilamide incident. Retrieved from www. fda. gov/AboutFDA/WhatWeDo/History/ProductRegulation/ucm2007257. htm.

Barber, M. , Donnelly, K. , & Rizvi, S. (2012). *Oceans of innovation: The Atlantic, the Pacific, global leadership and the future of education*. Retrieved from www. ippr. org/publications/oceans-of-innovation-the-atlantic-the-pacific-global-leadership-and-the-future-of-education.

Barnard, J. , Frangakis, C. E. , Hill, J. L. , & Rubin, D. B. (2003). Principal stratification approach to broken randomized experiments: A case study of school choice vouchers in New York City. *Journal of the American Statistical*

Association, 98(462),299 – 323.

BBC. (Producer). (2011). *Steve Wozniak: "Think for yourself."* Retrieved from news. bbc. co. uk/today/hi/today/newsid_9661000/9661755. stm.

Becker, W. (1977). Teaching reading and language to the disadvantaged — What we have learned from field research. *Harvard Educational Review, 47* (4),518 – 543.

Becker, W. C. , & Gersten, R. (1982). A follow-up of Follow Through: The later effects of the direct instruction model on children in fifth and sixth grades. *American Educational Research Journal, 19*(1),75 – 92.

Beghetto, R. A. (2013). *Killing ideas softly? The promise and perils of creativity in the classroom.* Charlotte, NC: Information Age.

Beghetto, R. A. (2017). Legacy projects: Helping young people respond productively to the challenges of a changing world. *Roeper Review, 39*(3),1 – 4.

Beghetto, R. A. , & Kaufman, J. C. (2010). *Nurturing creativity in the classroom.* New York, NY: Cambridge University Press.

Bereiter, C. (1986). Does direct instruction cause delinquency? *Early Childhood Research Quarterly, 1*(3),289 – 292.

Bereiter, C. , & Kurland, M. (1981). A constructive look at Follow Through results. *Interchange, 12*(1),1 – 22.

Bergeron, P.-J. (2017). How to engage in pseudoscience with real data: A criticism of John Hattie's arguments in visible learning from the perspective of a statistician. *McGill Journal of Education/Revue des Sciences de l'Éducation de McGill, 52*(1),237 – 246.

Berliner, D. C. (2006). Our impoverished view of educational reform. *Teachers College Record, 108*(6),949 – 995.

Bettinger, E. , & Slonim, R. (2006). Using experimental economics to measure the effects of a natural educational experiment on altruism. *Journal of Public Economics, 90*(8 – 9),1625 – 1648.

Bidwell, A. (2015, March 16). Racial gaps in high school graduation rates are closing. *USA Today*. Retrieved from www. usnews. com/news/blogs/data-mine/2015/03/16/federal-data-show-racial-gap-in-high-school-graduation-rates-is-closing.

Bieber, T. , & Martens, K. (2011). The OECD PISA study as a soft power in education? Lessons from Switzerland and the US. *European Journal of Education, 46*(1),101 – 116. doi:10. 1111/j. 1465 – 3435. 2010. 01462. x.

Biesta, G. J. (2010). Why "what works" still won't work: From evidence-based education to value-based education. *Studies in Philosophy and Education, 29*(5),491 – 503.

Bitler, M. , Domina, T. , Penner, E. , & Hoynes, H. (2015). Distributional analysis in educational evaluation: A case study from the New York City voucher program. *Journal of Research on Educational Effectiveness, 8*(3), 419 – 450.

Bloom, B. , Englehart, M. , Furst, E. , Hill, W. , & Krathwohl, D. R. (1956). *Taxonomy of educational objectives: The classification of educational goals. Handbook I: Cognitive domain.* New York, NY: Longmans.

Boaler, J. (2008). When politics took the place of inquiry: A response to the National Mathematics Advisory Panel's review of instructional practices. *Educational Researcher, 37*(9):588 – 594.

Bonawitza, E. , Shaftob, P. , Gweonc, H. , Goodmand, N. D. , Spelkee, E. , & Schulzc, L. (2011). The double-edged sword of pedagogy: Instruction limits spontaneous exploration and discovery. *Cognition, 120*(3),322 – 330.

Boylan, M. (2016, December 11). Here's why East Asian students consistently outpace their Western peers. *Business Insider*. Retrieved from www. businessinsider. com/heres-why-east-asian-students-consistently-outpace-their-western-peers-2016-12.

Bray, M. , & Lykins, C. (2012). *Shadow education private supplementary tutoring and its implications for policy makers in Asia.* Retrieved from www. adb. org/publications/shadow-education-private-supplementary-tutoring-and-its-implications-policy-makers-asia.

Brent, G. , & DiObilda, N. (1993). Effects of curriculum alignment versus direct instruction on urban children. *The Journal of Educational Research, 86* (6), 333 – 338.

Brown, N. (2013, August 5). Book review: *Visible learning.* Retrieved from academ-iccomputing. wordpress. com/2013/08/05/book-review-visible-learning/.

Brunello, G. , & Schlotter, M. (2010). *The effect of noncognitive skills and personality traits on labour market outcomes.* Retrieved from ftp. iza. org/dp5743. pdf.

Bryk, A. S. (2015). *Learning to improve: How America's schools can get better at getting better.* Cambridge, MA: Harvard Education Press.

Buchsbauma, D. , Gopnika, A. , Griffiths, T. L. , & Shaftob, P. (2011). Children's imitation of causal action sequences is influenced by statistical and pedagogical evidence. *Cognition, 120* (3), 331 – 340.

Bush, G. W. (2002, January 8). President signs landmark No Child Left Behind education bill. Retrieved from georgewbush-whitehouse. archives. gov/news/releases/2002/01/20020108-1. html.

Byrd, R. (1997). A failure to produce better students. *Congressional Record, 143* (79), S5393. Retrieved from www. stolaf. edu/other/extend/Expectations/byrd. html.

Campbell, D. T. (1976). *Assessing the impact of planned social change.* Retrieved from www. sciencedirect. com/science/article/pii/014971897a990048X.

Carey, T. (2015, January 16). China's educational success is taking a toll on students. *New Republic.* Retrieved from newrepublic. com/article/120794/chinese-education-system-prizes-intense-hard-work.

Carnine, D. (2000). *Why education experts resist effective practices (and what it would take to make education more like medicine)*. Washington, DC: Thomas B. Fordham Foundation.

Carnine, D. W. , Silbert, J. , Kame'enui, E. J. , & Tarver, S. G. (2004). *Direct instruction reading*. New York, NY: Prentice Hall.

Carnoy, M. (2001). *School vouchers: Examining the evidence*. Washington, DC: Economic Policy Institute.

Caspi, O. , & Bell, I. R. (2004). One size does not fit all: Aptitude x treatment interaction(ATI) as a conceptual framework for complementary and alternative medicine outcome research. Part 1 — What is ATI research? *The Journal of Alternative and Complementary Medicine, 10*(3), 580 – 586.

Chen, C. , Lee, S. , & Stevenson, H. W. (1996). Academic achievement and motivation of Chinese students: A cross-national perspective. In S. Lau(Ed.), *Growing up the Chinese way: Chinese child and adolescent development* (pp. 69 – 91). Hong Kong: Chinese University Press.

Cheng, K. (2011). Shanghai: How a big city in a developing country leaped to the head of the class. In M. S. Tucker(Ed.), *Surpassing Shanghai: An agenda for American education built on the world's leading systems* (pp. 21 – 50). Cambridge, MA: Harvard Education Press.

Chingos, M. M. , & Peterson, P. E. (2013). The impact of school vouchers on college enrollment. *Education Next, 13*(3):59 – 64.

Chingos, M. M. , & Peterson, P. E. (2015). Experimentally estimated impacts of school vouchers on college enrollment and degree attainment. *Journal of Public Economics, 122*, 1 – 12.

Cizek, G. J. , & Burg, S. S. (2006). *Addressing test anxiety in a high-stakes environment: Strategies for classrooms and schools*. Thousand Oaks, CA: Corwin.

Claro, S. , Paunesku, D. , & Dweck, C. S. (2016). Growth mindset tempers the effects of poverty on academic achievement. *Proceedings of the National Academy of Sciences, 113*(31),8664 – 8668.

Coleman, J. S. , Campbell, E. Q. , Hobson, C. J. , McPartland, F. , Mood, A. M. , Weinfeld, F. D. , & York, R. L. (1966). *Equality of educational opportunity.* Washington, DC: U. S. Government Printing Office.

Coles, G. (2003). *Reading the naked truth: Literacy, legislation, and lies.* Ports-mouth, NH: Heinemann.

Corno, L. , Cronbach, L. J. , Kupermintz, H. , Lohman, D. F. , Mandinach, E. B. , Porteus, A. W. , & Talbert, J. E. (2001). *Remaking the concept of aptitude: Extending the legacy of Richard E. Snow.* New York, NY: Routledge.

Cotter, K. N. , Pretz, J. E. , & Kaufman, J. C. (2016). Applicant extracurricular involvement predicts creativity better than traditional admissions factors. *Psychology of Aesthetics, Creativity, and the Arts, 10* (1),2 – 13.

Coughlan, S. (2012, May 8). China: The world's cleverest country? Retrieved from www. bbc. co. uk/news/business-17585201.

Cowen, J. M. (2008). School choice as a latent variable: Estimating the "complier average causal effect" of vouchers in Charlotte. *Policy Studies Journal, 36*(2),301 – 315.

Crane, J. (1996). Effects of home environment, SES, and maternal test scores on mathematics achievement. *The Journal of Educational Research, 89*(5), 305 – 314.

Credé, M. , Tynan, M. C , & Harms, P. D. (2017). Much ado about grit: A meta-an-alytic synthesis of the grit literature. *Journal of Personality and Social Psychology, 113*(3),492 – 511.

Cronbach, L. J. (1957). The two disciplines of scientific psychology. *American Psychologist, 12*(11),671 – 684.

Cronbach, L. J. (1975). Beyond the two disciplines of scientific psychology. *American Psychologist, 30*, 116 – 127.

Cronbach, L. J., & Snow, R. E. (1981). *Aptitudes and instructional methods: A handbook for research on interactions.* New York, NY: Irvington.

Cummins, J. (2007). Pedagogies for the poor? Realigning reading instruction for low-income students with scientifically based reading research. *Educational Researcher, 36*(9), 564 – 572.

Darling-Hammond, L. (2010). *The flat world and education: How America's commitment to equity will determine our future.* New York, NY: Teachers College Press.

Darling-Hammond, L., & Lieberman, A. (Eds.). (2012). *Teacher education around the world.* New York, NY: Routledge.

Dean, D., Jr., & Kuhn, D. (2007). Direct instruction vs. discovery: The long view. *Science Education, 91*(3), 384 – 397.

Dee, T. S., & Jacob, B. A. (2010). *The impact of No Child Left Behind on students, teachers and schools.* Washington, DC: Brookings Institute. Retrieved from www. brookings. edu/bpea-articles/the-impact-of-no-child-left-behind-on-students-teachers-and-schools-with-comments-and-discussion/.

Dee, T. S., & Jacob, B. (2011). The impact of No Child Left Behind on student achievement. *Journal of Policy Analysis and Management, 30* (3), 418 – 446.

Dewey, J. (1975). *Democracy and education: An introduction to the philosophy of education.* New York, NY: Free Press.

Dillion, S. (2010, December 7). Top test scores from Shanghai stun educators. *The New York Times.* Retrieved from www. nytimes. com/2010/12/07/education/07education. html.

Domina, T., & Penner, E. K. (2013). *Distributional effects of a school voucher program: Evidence from New York City.* Retrieved from emilykpenner. com/epkwp/wp-content/uploads/2013/07/Bitler _ Domina _ Penner_Hoynes_2013_NYC_Voucher. pdf.

Duckworth, A. L., Peterson, C., Matthews, M. D., & Kelly, D. R. (2007). Grit: Perseverance and passion for long-term goals. *Journal of Personality and Social Psychology, 92*(6),1087 - 1101.

Duckworth, A. L., & Yeager, D. S. (2015). Measurement matters: Assessing personal qualities other than cognitive ability for educational purposes. *Educational Researcher, 44*(4),237 - 251.

Duncan, G. J., & Murnane, R. J. (Eds.). (2011). *Whither opportunity? Rising inequality, schools, and children's life chances.* New York, NY/ Chicago, IL: Russell Sage Foundation/Spencer Foundation.

Dweck, C. S. (1999). *Self-theories: Their role in motivation, personality, and development.* Philadelphia, PA: Psychology Press.

Dweck, C. S. (2006). *Mindset: The new psychology of success.* New York, NY: Random House.

Dynarski, M. (2016). *On negative effects of vouchers.* Retrieved from www. brookings. edu/research/on-negative-effects-of-vouchers/.

Ebmeier, H., & Good, T. L. (1979). The effects of instructing teachers about good teaching on the mathematics achievement of fourth grade students. *American Educational Research Journal, 16*(1),1 - 16.

Engelmann, S. (2007). *Teaching needy kids in our backward system: 42 years of trying.* Eugene, OR: NIFDI Press.

Espenshade, T. J., & Radford, A. W. (2009). *No longer separate, not yet equal: Race and class in elite college admission and campus life.* Princeton, NJ: Princeton University Press.

Evans, D. (2012, September 14). He's not the messiah. *TES.* Retrieved from www. tes. com/news/tes-archive/tes-publication/hes-not-messiah.

Evers, W. M. (Ed.). (1998). *What's gone wrong in America's classrooms.*

Palo Alto, CA: Hoover Press.

Every Student Succeeds Act, 114 - 95, Congress. (2015).

Feniger, Y. , & Lefstein, A. (2014). How *not* to reason with PISA data: An ironic investigation. *Journal of Education Policy, 29*(6),845 - 855.

Figazzolo, L. (2009). *Impact of PISA 2006 on the education policy debate.* Retrieved from download. ei-ie. org/docs/IRISDocuments/Research Website Documents/2009-00036-01-E. pdf.

Flesch, R. (1955). *Why Johnny can't read: And what you can do about it.* New York, NY: Harper Collins.

Florida, R. (2002). *The rise of the creative class . . . and how it's transforming work, leisure, community & everyday life.* New York, NY: Basic Books.

Florida, R. (2012). *The rise of the creative class, revisited* (2nd ed.). New York, NY: Basic Books.

Ford, D. Y. , & Grantham, T. C. (2003). Providing access for culturally diverse gifted students: From deficit to dynamic thinking. *Theory into Practice, 42* (3),217 - 225.

Forster, G. (2016). *A win-win solution: The empirical evidence on school choice.* Retrieved from www. edchoice. org/wp-content/uploads/2016/05/2016-5-Win-Win-Solution-WEB. pdf.

Fowler, F. C. (2002). Introduction: The great school choice debate. *The Clearing House, 76*(1),4 - 7.

Freedman, S. G. (2004, October 20). The class multiplies, but the math divides. Retrieved from www. nytimes. com/2004/10/20/education/the-class-multiplies-but-the-math-divides. html.

Friedman, M. (1955). *The role of government in education:* New Brunswick, NJ: Rutgers University Press.

Fryer, R. G. , & Levitt, S. D. (2004). Understanding the black-white test score gap in the first two years of school. *The Review of Economics and Statistics,*

86(2),447 – 464.

Fuchs, L. S. , Schumacher, R. F. , Sterba, S. K. , Long, J. , Namkung, J. , Malone, A. , ... Siegler, R. S. (2014). Does working memory moderate the effects of fraction intervention? An aptitude-treatment interaction. *Journal of Educational Psychology, 106*(2),499 – 514.

Fuller, B. F. , & Elmore, R. (1996). *Who chooses? Who loses? Culture, institutions and the unequal effects of school choice.* New York, NY: Teachers College Press.

Fyfe, E. R. , Rittle-Johnson, B. , & DeCaro, M. S. (2012). The effects of feedback during exploratory mathematics problem solving: Prior knowledge matters. *Journal of Educational Psychology, 104*(4),1094 – 1108.

Gagné, R. M. (1968). Learning hierarchies. *Educational Psychologist, 6*(1), 1 – 9.

Gajda, A. , Beghetto, R. A. , & Karwowski, M. (2017). Exploring creative learning in the classroom: A multi-method approach. *Thinking Skills and Creativity, 24*,250 – 267.

Gamse, B. C. , Bloom, H. S. , Kemple, J. J. , & Jacob, R. T. (2008). *Reading First impact study: Interim report* (NCEE 2008 – 4016). Retrieved from ies. ed. gov/ncee/pdf/20084016. pdf.

Gamse, B. C. , Jacob, R. T. , Horst, M. , Boulay, B. , & Unlu, F. (2008). *Reading First impact study: Final report* (NCEE 2009 – 4038). Retrieved from ies. ed. gov/ncee/pdf/20094038. pdf.

Gao, G. (2003). Encountering American education. *Beijing Wenxue*, pp. 6 – 35.

Gardner, H. (1983). *Frames of mind: The theory of multiple intelligences.* New York, NY: Basic Books.

Gardner, H. (1993). *Multiple intelligences: The theory in practice.* New York, NY: Basic Books.

Gersten, R. , & Keating, T. (1987). Long-term benefits from direct instruction. *Educational Leadership, 44*(6), 28 – 31.

Ginder, S. A. , Kelly-Reid, J. E. , & Mann, F. B. (2017). *Graduation rates for selected cohorts, 2007 – 12; student financial aid, academic year 2014 – 15; and admissions in postsecondary institutions, Fall 2015.* Retrieved from nces. ed. gov/pubs2017/2017084. pdf.

Ginsberg, R. , & Kingston, N. (2014). Caught in a vise: The challenges facing teacher preparation in an era of accountability. *Teachers College Record, 116* (1). Retrieved from www. tcrecord. org/Content. asp?ContentId=17295.

Glod, M. (2008, May 2). Study questions "No Child" Act's reading plan. Retrieved from www. washingtonpost. com/wp-dyn/content/article/2008/05/01/AR2008050101399. html?hpid=sec-education.

Goleman, D. (1995). *Emotional intelligence.* New York, NY: Bantam Books.

Gorard, S. (1999). "Well. That about wraps it up for school choice research": A state of the art review. *School Leadership & Management, 19*(1), 25 – 47.

Gove, M. (2010, December 28). My revolution for culture in classroom: Why we must raise education standards so children can compete with rest of the world. *The Telegraph.* Retrieved from www. telegraph. co. uk/education/8227535/Michael-Gove-my-revolution-for-culture-in-classroom. html.

Gray, W. S. (1960). *On their own in reading* (Rev. ed.). Chicago, IL: Scott, Foresman. (Original work published 1948).

Greene, J. P. (2011). *Why America needs school choice.* New York, NY: Encounter Books.

Grissom, J. A. , Nicholson-Crotty, S. , & Harrington, J. R. (2014). Estimating the effects of No Child Left Behind on teachers' work environments and job attitudes. *Educational Evaluation and Policy Analysis, 36*(4), 417 – 436.

Gronqvist, E. , & Vlachos, J. (2008). *One size fits all? The effects of teacher cognitive and non-cognitive abilities on student achievement.* Retrieved from papers. ssrn. com/sol3/papers. cfm?abstract_id=1311222.

Grunwald, M. (2006, October 1). A textbook case: Billions for an inside game on reading. Retrieved from www. washingtonpost. com/wp-dyn/content/article/2006/09/29/AR2006092901333. html.

Gunn, B. , Biglan, A. , Smolkowski, K. , & Ary, D. (2000). The efficacy of supplemental instruction in decoding skills for Hispanic and non-Hispanic students in early elementary school. *Journal of Special Education, 34* (2), 90 – 103.

Hannas, W. C. (2003). *The writing on the wall: How Asian orthography curbs creativity.* Philadelphia: University of Pennsylvania Press.

Hansen, M. (2013). *Right-sizing the classroom: Making the most of great teachers.* Washington, DC: Thomas B. Fordham Institute.

Harris, D. N. , & Herrington, C. D. (2006, February). Accountability, standards, and the growing achievement gap: Lessons from the past half-century. *American Journal of Education, 112* (2), 209 – 238.

Hattie, J. (2008). *Visible learning: A synthesis of over 800 meta-analyses relating to achievement.* New York, NY: Routledge.

Hattie, J. (2012). *Visible learning for teachers: Maximizing impact on learning.* New York, NY: Routledge.

Hattie, J. (2015). The applicability of visible learning to higher education. *Scholarship of Teaching and Learning in Psychology, 1* (1), 79 – 91.

Hess, F. M. (2011, Fall). Our achievement-gap mania. *National Affairs, 9,* 113 – 129.

Hess, F. M. , & Petrilli, M. J. (2004). The politics of No Child Left Behind: Will the coalition hold? *The Journal of Education, 185* (3), 13 – 25.

Hess, F. M. , & Rotherham, A. J. (2007). NCLB and the competitiveness agenda: Happy collaboration or a collision course? *Phi Delta Kappan, 88* (5), 345 – 352.

Hirsch, E. D., Jr. (2010, May 13). How to save the schools. *The New York Review of Books*. Retrieved from www. nybooks. com/articles/2010/05/13/how-save-schools/.

Ho, E. S. C. (2003). Accomplishment and challenges of Hong Kong education system: What we have learned from PISA. *Educational Journal, 31*(2), 1-30.

Hornickel, J., Zecker, S. G., Bradlow, A. R., & Kraus, N. (2012). Assistive listening devices drive neuroplasticity in children with dyslexia. *Proceedings of the National Academy of Sciences, 109*(41), 16731-16736.

House, E., Glass, G., McLean, L., & Walker, D. F. (1978). No simple answer: Critique of the Follow Throught evaluation. *Harvard Educational Review, 48*(2), 128-160.

Hout, M., & Elliott, S. W. (Eds.). (2011). *Incentives and test-based accountability in education*. Washington, DC: National Academies Press.

Howell, W. G., & Peterson, P. E. (2006). *The education gap: Vouchers and urban schools*. Washington, DC: Brookings Institution Press.

HSBC. (2017). *The value of education: Higher and higher* (Global report). Retrieved from www. hsbc. com/-/media/hsbc-com/newsroomassets/2017/pdfs/170628-the-value-of-education-higher-and-higher-global-report. pdf.

Hu, W. (2010, October 1). Making math lessons as easy as 1, pause, 2, pause ... *The New York Times*, p. A1. Retrieved from www. nytimes. com/2010/10/01/education/01math. html.

Janicki, T. C., & Peterson, P. L. (1981). Aptitude-treatment interaction effects of variations in direct instruction. *American Educational Research Journal, 18*(1), 63-82.

Janssen, W. F. (1981). The story of the laws behind the labels. Retrieved from www. fda. gov/aboutfda/whatwedo/history/overviews/ucm056044. htm.

Jencks, C., & Phillips, M. (Eds.). (1998). *The black-white test score gap.*

Washington, DC: Brookings Institute Press.

Jennings, J. L. , & Bearak, J. M. (2014). "Teaching to the test"in the NCLB era: How test predictability affects our understanding of student performance. *Educational Researcher, 43*(8),381 – 389.

Jennings, J. , & Rentner, D. S. (2006). Ten big effects of the No Child Left Behind Act on public schools. *Phi Delta Kappan, 88*(2),110 – 113.

Jensen, B. (2012). *Catching up: Learning from the best school systems in East Asia.* Retrieved from grattan. edu. au/report/catching-up-learning-from-the-best-school-systems-in-east-asia/.

Jiang, X. (2010, December 8). The test Chinese schools still fail: High scores for Shanghai's 15-year-olds are actually a sign of weakness. *The Wall Street Journal.* Retrieved from www. wsj. com/articles/SB10001424052748703766704576008609249303846.

Jin, H. , Barnard, J. , & Rubin, D. B. (2010). A modified general location model for noncompliance with missing data: Revisiting the New York City School Choice Scholarship Program using principal stratification. *Journal of Educational and Behavioral Statistics, 35*(2),154 – 173.

Jing, L. (2015, November 26). Study shows Chinese students spend three hours on homework per day. *China Daily.* Retrieved from www. chinadaily. com. cn/china/2015-11/26/content_22520832. htm.

John, O. P. , Robins, R. W. , & Pervin, L. A. (2008). *Handbook of personality: Theory and research* (3rd ed.). New York, NY: Guilford Press.

Jones, L. (2013). *Minding the gap: A rhetorical history of the achievement gap* (Doctoral dissertation). Louisiana State University, Baton Rouge, LA. Retrieved from digitalcommons. lsu. edu/gradschool_dissertations/3633/.

Kamenetz, A. (2014, October 11). It's 2014. All children are supposed to be proficient. What happened? *NPR.* Retrieved from www. npr. org/sections/ed/2014/10/11/354931351/it-s-2014-all-children-are-supposed-to-be-proficient-under-federal-law.

Kaplan, K. (2016, December 9). Cooling cap helps cancer patients preserve their hair during chemotherapy, clinical trial shows. *The Los Angeles Times.* Retrieved from www. latimes. com/science/sciencenow/la-sci-sn-cooling-scalp-chemotherapy-20161209-story. html.

Kapur, M. (2014). Productive failure in learning math. *Cognitive Science, 38* (5),1008 – 1022.

Kapur, M. (2016). Examining productive failure, productive success, unproductive failure, and unproductive success in learning. *Educational Psychologist, 51*(2),289 – 299.

Kapur, M. , &. Bielaczyc, K. (2012). Designing for productive failure. *Journal of the Learning Sciences, 21*(1),45 – 83.

Kennedy, M. M. (1978). Findings from the Follow Through planned variation study. *Educational Researcher, 7*(6),3 – 11.

Kennedy, M. M. (1991). Policy issues in teacher education. *Phi Delta Kappan, 72*(9),658 – 665.

Kern, M. L. , &. Friedman, H. S. (2009). Early educational milestones as predictors of lifelong academic achievement, midlife adjustment, and longevity. *Journal of Applied Developmental Psychology, 30*(4),419 – 430.

Kieft, M. , Rijlaarsdam, G. , &. van den Bergh, H. (2008). An aptitude-treatment interaction approach to writing-to-learn. *Learning and Instruction, 18*(4),379 – 390.

Kim, J. S. (2008). Research and the reading wars. In F. M. Hess(Ed.), *When research matters: How scholarship influences education policy* (pp. 89 – 112). Cambridge, MA: Harvard Education Press.

Kim, J. , &. Kim, Y. (2014, May 11). True lessons of East Asian education. Retrieved from www. huffingtonpost. com/jungkyu-kim/true-lessons-of-east-asia-education_b_4932423. html.

Kim, K. (2010). An international comparsion of Korean student achievement on

教育效果的辩证

the PISA and TIMSS. In C. J. Lee, S. Kim, & D. Adams(Eds.), *Sixty years of Korean education* (pp. 259 - 284). Seoul, Korea: Seoul National University Press.

Kim, K. H. (2005). Learning from each other: Creativity in East Asian and American education. *Creativity Research Journal, 17*(4),337 - 347.

Kim, T., & Axelrod, S. (2005). Direct instruction: An educators' guide and a plea for action. *The Behavior Analyst Today, 6*(2),111 - 120.

Klahr, D., & Nigam, M. (2004). The equivalence of learning paths in early science instruction: Effects of direct instruction and discovery learning. *Psychological Science, 15*(10),661 - 667.

Klein, D. (2003). A brief history of American K - 12 mathematics education in the 20th century. In J. Royer(Ed.), *Mathematical cognition* (pp. 175 - 225). Charlotte, NC: Information Age.

Klein, D. (2007). A quarter century of US 'math wars' and political partisanship. *BSHM Bulletin: Journal of the British Society for the History of Mathematics, 22*(1),22 - 33.

Kline, M. (1973). *Why Johnny can't add: The failure of the new math.* New York, NY: St. Martin's Press.

Knudson, K. (2015, September 9). The common core is today's new math — which is actually a good thing. *The Conversation.* Retrieved from theconversation. com/the-common-core-is-todays-new-math-which-is-actually-a-good-thing-46585.

Koreman, S., & Winship, C. (2000). A reanalysis of the bell curve: Intelligence, family background, and schooling. In K. Arrow, S. Bowles, & S. Durlauf(Eds.), *Meritocracy and economic inequality* (pp. 137 - 178). Princeton, NJ: Princeton University Press.

Krathwohl, D. R. (2002). A revision of Bloom's taxonomy: An overview. *Theory into Practice, 41*(4),212 - 218.

Kreiner, S. , & Christensen, K. B. (2014, April). Analyses of model fit and robustness. A new look at the PISA scaling model underlying ranking of countries according to reading literacy. *Psychometrika*. doi:10.1007/s11336 - 013 - 9347 - z.

Krieg, J. M. (2008). Are students left behind? The distributional effects of the No Child Left Behind Act. *Education, 3*(2), 250 - 281.

Kristof, N. D. (2011, January 15). China's winning schools? *New York Times*. Retrieved from www.nytimes.com/2011/01/16/opinion/16kristof.html.

Krueger, A. B. , Hanushek, E. A. , & Rice, J. K. (2002). *The class size debate*. Washington, DC: Economic Policy Institute.

Krueger, A. B. , & Zhu, P. (2004). Another look at the New York City school voucher experiment. *American Behavioral Scientist, 47*(5), 658 - 698.

Labaree, D. F. (1997). Public goods, private goods: The American struggle over educational goals. *American Educational Research Journal, 34*(1), 39 - 81.

Ladd, H. F. (2017). No Child Left Behind: A deeply flawed federal policy. *Journal of Policy Analysis and Management, 36*(2), 461 - 469.

Ladd, H. F. , & Lauen, D. L. (2010). Status versus growth: The distributional effects of school accountability policies. *Journal of Policy Analysis and Management, 29*(3), 426 - 450.

Ladson-Billings, G. (2006). From the achievement gap to the education debt: Understanding achievement in U. S. schools. *Educational Researcher, 35*(7), 3 - 12.

Ladson-Billings, G. (2007). Pushing past the achievement gap: An essay on the language of deficit. *The Journal of Negro Education, 76*(3), 316 - 323.

Lamb, S. , & Fullarton, S. (2002). Classroom and school factors affecting mathematics achievement: A comparative study of Australia and the United States using TIMSS. *Australian Journal of Education, 46*(2), 154 - 171.

教育效果的辩证

Larson, M. (2017, February 20). The elusive search for balance. Retrieved from www. nctm. org/News-and-Calendar/Messages-from-the-President/Archive/Matt-Larson/The-Elusive-Search-for-Balance/.

Leung, F. K. S. (2002). Behind the high achievement of East Asian students. *Educational Research and Evaluation: An International Journal on Theory and Practice, 8*(1), 87 – 108.

Levin, H. M. (2012). More than just test scores. *Prospects: The Quarterly Review of Comparative Education, 42*(3), 269 – 284.

Li, J. (2013, January 15). Beyond the grades. *The Standard.* Retrieved from www. thestandard. com. hk/news _ detail. asp? we _ cat ＝ 16&art _ id ＝ 130084&sid＝38696570&con_type＝1&d_str＝20130115&fc＝4.

Lin, J. Y. (2006, December). *Needham puzzle, Weber question and China's miracle: Long-term performance since the Sung Dynasty.* Paper presented at World Economic Performance: Past, Present and Future — Long Term Performance and Prospects of Australia and Major Asian Economies, Brisbane, Australia. Retrieved from www. uq. edu. au/economics/cepa/docs/seminar/papers-nov2006/Lin-Paper. pdf.

Linn, R. L., Baker, E. L., & Betebenner, D. W. (2002). Accountability systems: Implications of requirements of the No Child Left Behind Act of 2001. *Educational Researcher, 31*(6), 3 – 16.

Loveless, T. (2006a). *How well are American students learning?* Retrieved from www. brookings. edu/research/the-2006-brown-center-report-on-american-education-how-well-are-american-students-learning/.

Loveless, T. (2006b, August 1). *The peculiar politics of No Child Left Behind.* Washington, DC: Brookings Institution. Retrieved from www. brookings. edu/research/the-peculiar-politics-of-no-child-left-behind/.

Loveless, T. (2014). *PISA's China problem continues: A response to Schleicher, Zhang, and Tucker.* Retrieved from www. brookings. edu/

research/papers/2014/01/08-shanghai-pisa-loveless.

Lubienski, C. (2016). Review of *A win-win solution* and *The participant effects of private school vouchers across the globe*. Retrieved from nepc. colorado. edu/files/reviews/TTR Lubienski Meta-Analysis. pdf.

Mansell, W. (2008, November 21). Research reveals teaching's holy grail. *TES*. Retrieved from www. tes. com/news/tes-archive/tes-publication/research-reveals-teachings-holy-grail.

Manzo, K. K. (2007, May 9). Senate report details "Reading First" conflicts of interest. Retrieved from www. edweek. org/ew/articles/2007/05/09/37read_web. h26. html.

Manzo, K. K. (2008a, March 12). Directors of "Reading First" plagued by anxiety over budget cuts. *Education Week*, pp. 20, 22. Retrieved from www. edweek. org/ew/articles/2008/03/12/27read. h27. html.

Manzo, K. K. (2008b, December 3). Federal path for reading questioned: "Reading First" poor results offer limited guidance. *Education Week*, pp. 1, 16 - 17. Retrieved from www. edweek. org/ew/articles/2008/12/03/14read_ep. h28. html.

Martin, B. J. (2014). *Elixir: The American tragedy of a deadly drug*. Lancaster, PA: Barkerry Press.

McKinsey & Company. (2007). *How the world's best-performing school systems come out on top*. Retrieved from www. mckinsey. com/industries/social-sector/our-insights/how-the-worlds-best-performing-school-systems-come-out-on-top.

McKinsey & Company. (2009). *The economic impact of the achievement gap in America's schools*. Retrieved from dropoutprevention. org/wp-content/uploads/2015/07/ACHIEVEMENT_GAP_REPORT_20090512. pdf.

McLaren, M. , & Brown, E. (2017, July 15). Trump wants to spend millions more on school vouchers. But what's happened to the millions already spent?

The Washington Post. Retrieved from www. washingtonpost. com/local/
education/trump-wants-to-spend-millions-more-on-school-vouchers-but-whats-
happened-to-the-millions-already-spent/2017/07/15/ab6002a8-6267-11e7-84a1-
a26b75ad39fe_story. html?utm_term=. 2c938636e65e.

McMurrer, J. (2007). NCLB year 5: *Choices, changes, and challenges:
Curriculum and instruction in the NCLB era.* Retrieved from www. cep-dc.
org/displayDocument. cfm?DocumentID=312.

Mead, R. (2014, April 30). Louis C. K. against the common core. *The New
Yorker*. Retrieved from www. newyorker. com/news/daily-comment/louis-c-k-
against-the-common-core.

Meadows, M. (2006). Promoting safe and effective drugs for 100 years. *FDA
Consumer magazing.* Retrieved from www. fda. gov/AboutFDA/WhatWeDo/
History/CentennialofFDA/CentennialEditionofFDAConsumer/ucm093787. htm.

Menken, K. (2006). Teaching to the test: How No Child Left Behind impacts
language policy, curriculum, and instruction for English language learners.
Bilingual Research Journal, 30(2),521 - 546.

Meroni, E. C. , Vera-Toscano, E. , & Costa, P. (2015). Can low skill teachers
make good students? Empirical evidence from PIAAC and PISA. *Journal of
Policy Modeling, 37* (2), 308 - 323. doi. org/10. 1016/j. jpolmod. 2015.
02.006.

Meyer, H.-D. , & Benavot, A. (2013). *PISA, power, and policy: The
emergence of global educational governance.* Oxford, UK: Oxford University
Press.

Meyer, L. A. (1984). Long-term academic effects of the direct instruction
project Follow Throuth. *The Elementary School Journal, 84*(4),380 - 394.

Mills, J. N. , & Wolf, P. J. (2016). *The effects of the Louisiana Scholarship
Program on student achievement after two years.* Retrieved from media. nola.
com/education_impact/other/Report 1-LSP Y2 Achievement-Embargo. pdf.

Mishkind, A. (2014). *Overview: State definitions of college and career readiness.* Retrieved from ccrscenter. org/sites/default/files/CCRS Defintions Brief_REV_1. pdf.

Mismanagement and conflicts of interest in the Reading First program, U. S. House of Representatives, First Sess. 96(2007).

Morrison, H. (2013, December 1). Pisa 2012 major flaw exposed. Retrieved from paceni. wordpress. com/2013/12/01/pisa-2012-major-flaw-exposed/.

Mullis, I. V. S., Martin, M. O., Beaton, A. E., Gonzalez, E. J., Kelly, D. L., & Smith, T. A. (1997). *Mathematics achievement in the primary school years: IEA's third international mathematics and science study.* Boston, MA: IEA.

Mullis, I. V. S., Martin, M. O., & Foy, P. (2008). *TIMSS 2007 international mathematics report: Findings from IEA's trends in international mathematics and science study at the fourth and eighth grades.* Retrieved from timss. bc. edu/TIMSS2007/mathreport. html.

Mullis, I. V. S., Martin, M. O., Foy, P., & Arora, A. (2012). *TIMSS 2011 international results in mathematics.* Retrieved from timssandpirls. bc. edu/ timss2011/international-results-mathematics. html.

Mullis, I. V. S., Martin, M. O., & Loveless, T. (2016). *20 Years of TIMSS: International trends in mathematics and science: Achievement, curriculum, and instruction.* Retrieved from timssandpirls. bc. edu/timss2015/ international-results/timss2015/wp-content/uploads/2016/T15-20-years-of-TIMSS. pdf.

National Assessment of Educational Progress (NAEP). (2015). 2015 mathematics & reading assessments. Retrieved from www. nationsreportcard. gov/reading_math_2015/#?grade=8.

National Center for Education Statistics. (1999). *Highlights from TIMSS.* Retrieved from nces. ed. gov/pubs99/1999081. pdf.

National Center for Education Statistics. (2012). *NAEP 2012: Trends in academic progress: Reading 1971 -2012｜Mathematics 1973 -2012.* Retrieved from nces. ed. gov/nationsreportcard/subject/publications/main2012/pdf/ 2013456. pdf.

National Center for Education Statistics. (2017). Common core of data: Data tables. Retrieved from nces. ed. gov/ccd/data_tables. asp.

National Defense Education Act of 1958, Pub. L. No. 85 - 864(1958).

National Education Association. (2011). Reading yesterday and today: The NRP report and other factors. Retrieved from www. nea. org/readingupdates.

National Governors Association Center for Best Practices, &- Council of Chief State School Officers. (2010). *Common Core State Standards.* Retrieved from www. corestandards. org/.

National Institute for Direct Instruction. (2014). *Achieving success for every student with direct instruction.* Eugene, OR: NIFDI Press.

National Institute for Direct Instruction. (2015). *Writings on direct instruction: A bibliography.* Retrieved from www. nifdi. org/docman/research/ bibliography/205-di-bibliography-reference-list/file.

National Institute for Direct Instruction. (2017). Basic philosophy of direct instruction(DI). Retrieved from www. nifdi. org/what-is-di/basic-philosophy.

National Institute of Child Health and Human Development. (2000a). National Reading Panel. Retrieved from www. nichd. nih. gov/research/supported/ Pages/nrp. aspx.

National Institute of Child Health and Human Development. (2000b). *Teaching children to read: An evidence-based assessment of the scientific research literature on reading and its implications for reading instruction: Report of the Subgroups.* Washington, DC: Author.

National Institute of Child Health and Human Development. (2000c). *Teaching children to read: An evidence-based assessment of the scientific research literature on reading and its implications for reading instruction: Summary.* Washington, DC: Author.

National Mathematics Advisory Panel. (2008). *Foundations for success: The final report of the National Mathematics Advisory Panel.* Washington, DC: U.S. Department of Education.

National Research Council. (1999). *Global perspectives for local action: Using TIMSS to improve U. S. mathematics and science education.* Washington, DC: National Academy Press.

Neal, D., & Schanzenbach, D. W. (2010). Left behind by design: Proficiency counts and test-based accountability. *The Review of Economics and Statistics, 92(2), 263 - 283.*

Needham, J. (Ed.). (1954). *Science and civilisation in China.* Cambridge, UK: University of Cambridge Press.

Nelson, D. I. (2002). *Using TIMSS to inform policy and practice at the local level* (CPRE Policy Brief No. 36). Retrieved from www.cpre.org/using-timss-inform-policy-and-practice-local-level.

Nichols, S. L., & Berliner, D. C. (2007). *Collateral damage: How high-stakes testing corrupts America's schools.* Cambridge, MA: Harvard Education Press.

Nicotera, A., & Stuit, D. (2017). *Three signs that a proposed charter school is at risk of failing.* Washington, DC: Thomas B. Fordham Institute.

No Child Left Behind Act of 2001, 107 - 110, Congress(2002).

Norris, N. D. (2004). *The promise and failure of progressive education.* London, UK: Scarecrow Education.

Obama, B, (2015, December 10). Remarks by the president at Every Student Succeeds Act signing ceremony. Retrieved from obamawhitehouse.archives.gov/the-press-office/2015/12/10/remarks-president-every-student-succeeds-act-signing-ceremony.

教育效果的辩证

Odum, E. P. (1997). *Ecology: A bridge between science and society.* Sunderland, MA: Sinauer Associates.

OECD. (2011). *Strong performers and successful reformers in education: Lessons from PISA for the United States.* Retrieved from dx. doi. org/10. 1787/9789264096660-en.

OECD. (2013). *Ready to learn: Students' engagement, drive and self-beliefs.* Retrieved from www. oecd. org/pisa/keyfindings/pisa-2012-results-volume-Ⅲ. pdf.

OECD. (2014). *PISA 2012 results: What students know and can do: Student performance in mathematics, reading and science (Volume Ⅰ) [Revised edition February 2014].* Retrieved from www. oecd. org/pisa/keyfindings/ pisa-2012-results-volume-i. htm.

OECD. (2016). *PISA 2015 results (Volume Ⅰ): Excellence and equity in Education.* Retrieved from dx. doi. org/10. 1787/9789264266490-en.

OECD. (2017). *PISA 2015 results: Students' well-being.* Retrieved from www. oecd. org/education/pisa-2015-results-volume-iii-9789264273856-en. htm.

Office of Inspector General. (2006). *The Reading First program's grant application process: Final inspection report.* Retrieved from www2. ed. gov/ about/offices/list/oig/aireports/i13f0017. pdf.

Page, S. E. (2007). *The difference: How the power of diversity creates better groups, firms, schools and societies.* Princeton, NJ: Princeton University Press.

Paige, R. , & Whitty, E. (2010). *The black-white achievement gap: Why closing it is the greatest civil rights issue of our time.* New York, NY: AMACOM.

Pak, H. B. (1974). *China and the West: Myths and realities in history.* Leiden, Netherlands: E. J. Brill.

Partnership for 21st Century Skills. (2007). *Framework for 21st century learning.* Retrieved from www. p21. org/our-work/p21-framework.

Pearson, P. D. (1989). Reading the whole-language movement. *The Elementary School Journal, 90*(2), 231 – 241.

Pearson, P. D. (2004). The reading wars. *Educational Policy, 18*(1), 216 – 252.

Peterson, P. L. (1979). Direct instruction: Effective for what and for whom. *Educational Leadership, 37*(1), 46 – 48.

Phillips, C. J. (2015, February 11). The new math strikes back. Retrieved from time. com/3694171/the-new-math-strikes-back/.

PISA. (2003). *First results from PISA 2003.* Retrieved from www. oecd. org/dataoecd/1/63/34002454. pdf.

PISA. (2007). *PISA 2006: Advance details.* Retrieved from www. oecd. org/document/40/0, 3343, en_32252351_32235731_39701864_1_1_1_1, 00. html.

Plucker, J. A., Burroughs, N., & Song, R. (2010). *Mind the (other) gap: The growing excellence gap in K – 12 education.* Retrieved from files. eric. ed. gov/fulltext/ED531840. pdf.

Plucker, J. A., Hardesty, J., & Burroughs, N. (2013). *Talents on the sidelines: Excellence gaps and America's persistent talent underclass.* Retrieved from webdev. education. uconn. edu/static/sites/cepa/AG/excellence2013/Excellence-Gap-10-18-13_JP_LK. pdf.

Pretz, J. E., & Kaufman, J. C. (2015). Do traditional admissions criteria reflect applicant creativity? *The Journal of Creative Behavior 51*(3), 240 – 251.

Qin, A. (2017, August 6). Britain turns to Chinese textbooks to improve its math scores. *The New York Times,* p. 48. Retrieved from www. nytimes. com/2017/08/05/world/asia/china-textbooks-britain. html?_r=0.

Ravitch, D. (2001). *Left back: A century of battles over school reform.* New York, NY: Simon & Schuster.

Ravitch, D. (2010). *The death and life of the great American school system:*

教育效果的辩证

How testing and choice are undermining education. New York, NY: Basic Books.

Ravitch, D. (2013). *Reign of error: The hoax of the privatization movement and the danger to America's public schools.* New York, NY: Knopf.

Ravitch, D. (2015, April 2). The lost purpose of school reform. *The New York Review of Books.* Retrieved from www.nybooks.com/daily/2015/04/02/lost-purpose-no-child-left-behind/.

Reardon, S. F. (2011). The widening academic achievement gap between the rich and the poor: New evidence and possible explanations. In G. J. Duncan & R. J. Murnane(Eds.), *Whither opportunity? Rising inequality, schools, and children's life chances* (pp. 91 – 116). New York, NY/Chicago, IL: Russell Sage Foundation/Spencer Foundation.

Reback, R., Rockoff, J. E., & Schwartz, H. L. (2010). *The effects of No Child Left Behind on school services and student outcomes.* Retrieved from citeseerx.ist.psu.edu/viewdoc/download?doi = 10.1.1.550.8539&rep = repl&type=pdf.

Reback, R., Rockoff, J., & Schwartz, H. L. (2011). Under pressure: Job security, resource allocation, and productivity in schools under NCLB(NBER working paper no.16745). Retrieved from www.nber.org/papers/w16745.

Reeves, R. V., & Halikias, D. (2017). *Race gaps in SAT scores highlight inequality and hinder upward mobility.* Retrieved from www.brookings.edu/research/race-gaps-in-sat-scores-highlight-inequality-and-hinder-upward-mobility/.

Reiss, S. (2004). Multifaceted nature of intrinsic motivation: The theory of 16 basic desires. *Review of General Psychology, 8*(3), 179 – 183.

Reiss, S. (2008). *The normal personality: A new way of thinking about people.* New York, NY: Cambridge University Press.

Rice, J. K. (2003). *Teacher quality: Understanding the effectiveness of teacher attributes.* Washington, DC: Economic Policy Institute.

Ridley, M. (2003). *Nature via nurture: Genes, experience, and what makes us human.* New York, NY: Harper Collins.

Riley, R. W. (1998). The state of mathematics education: Building a strong foundation for the 21st century. *Notice of the American Mathematical Society, 45*(4), 487 – 491.

Roehler, L. R., & Duffy, G. G. (1982). Matching direct instruction to reading outcomes. *Language Arts, 59*(5), 476 – 480.

Rosales, J. (2015, December 15). Closing schools: Privatization disguised as "accountability." *NEA Today.* Retrieved from neatoday. org/2015/12/15/closing-schools-privatization/.

Rose, L. C., & Gallup, A. M. (2002, September). *The 34th annual Phi Delta Kappa/Gallup poll of the public's attitudes toward the public schools.* Retrieved from www. pdkmembers. org/members _ online/publications/GallupPoll/kpoll_pdfs/pdkpoll34_2002. pdf.

Rose, T. (2016). *The end of average: How we succeed in a world that values sameness.* New York, NY: Harper One.

Rosenshine, B. V. (1978). Academic engaged time, content covered, and direct instruction. *The Journal of Education, 160*(3), 38 – 66.

Rosenshine, B. (2008). *Five meanings of direct instruction.* Retrieved from www. centerii. org/search/Resources%5CFiveDirectInstruct. pdf.

Rosenshine, B. (2009). The empirical support for direct instruction. In S. Tobias & T. M. Duffy(Eds.), *Constructivist instruction: Success or failure?* (pp. 201 – 220). New York, NY: Routledge.

Rouse, C. E. (1998). Private school vouchers and student achievement: An evaluation of the Milwaukee parental choice program. *The Quarterly Journal of Economics, 113*(2), 553 – 602.

Royal, C. (2012, November 10). Please stop using the phrase "achievement gap." Retrieved from www. good. is/articles/please-stop-using-the-phraseachievement-gap.

Ryan, R. M. , & Deci, E. L. (2017). *Self-determination theory: Basic psychological needs in motivation, development, and wellness.* New York, NY: Guilford Press.

Sahlberg, P. (2017). *FinnishED leadership.* Thousand Oaks, CA: Corwin.

Sanchez, C. (Writer). (2013). *El Paso schools cheating scandal: Who's accountable?* Washington, DC: National Public Radio.

Schleicher, A. (2013, December 3). What we learn from the PISA 2012 results. Retrieved from oecdeducationtoday. blogspot. com/2013/12/what-we-learn-from-pisa-2012-results. html.

Schleicher, A. (2016, December 6). Opinion: What Asian schools can teach the rest of us. *CNN.* Retrieved from www. cnn. com/2016/12/06/opinions/education-pisa-rankings-china/index. html.

Schmidt, W. H. (1999). Facing the consequences: Using TIMSS for a closer look at U. S. mathematics and science education. Boston, MA: Kluwer Academic.

Schoenfeld, A. H. (2004). The math wars. *Educational Policy, 18*(1), 253 – 286.

Schweinhart, L. J. , & Weikart, D. P. (1997). The High/Scope preschool curriculum comparison study through age 23. *Early Childhood Research Quarterly, 12*(2), 117 – 143.

Schweinhart, L. J. , Weikart, D. P. , & Larner, M. B. (1986). Consequences of three preschool curriculum models through age 15. *Early Childhood Research Quarterly, 1*(1), 15 – 45.

Schwerdt, G. , & Wuppermann, A. C. (2011). Sage on the stage: Is lecturing really all that bad? *Education Next, 11*(3), 63 – 67.

Segool, N. K. , Carlson, J. S. , Goforth, A. N. , Von Der Embse, N. , & Barterian, J. A. (2013). Heightened test anxiety among young children:

Elementary school students' anxious responses to high-stakes testing. *Psychology in the Schools, 50*(5), 489 – 499.

Shakeel, M. D., Anderson, K. P., & Wolf, P. J. (2016). *The Participant effects of private school vouchers across the globe: A meta-analytic and systematic review.* Retrieved from www. uaedreform. org/downloads/2016/05/the-participant-effects-of-private-school-vouchers-across-the-globe-a-meta-analytic-and-systematic-review-2. pdf.

Singapore Ministry of Education. (2012, December 11). International studies affirm Singapore students' strengths in reading, mathematics & science. Retrieved from www. moe. gov. sg/news/press-releases/international-studies-affirm-singapore-students—strengths-in-reading—mathematics-and-science.

Sjøberg, S. (2012). PISA: Politics, fundamental problems and intriguing results. *Recherches en Education, 14.* Retrieved from www. recherches-en-education. net/spip. php?article140.

Slavin, R. E. (2002). Evidence-based education policies: Transforming educational practice and research. *Educational Researcher, 31*(7), 15 – 21.

Slavin, R.E. (2008). Cooperative learning, success for all, and evidence-based reform in education. *Éducation et Didactique, 2*(2), 149 – 157.

Sneader, W. (2005). *Drug discovery: A history.* Hoboken, NJ: Wiley.

Snook, I., O'Neill, J., Clark, J., O'Neill, A.-M., & Openshaw, R. (2009). Invisible learnings? A commentary on John Hattie's book: Visible learning: A synthesis of over 800 meta-analyses relating to achievement. *New Zealand Journal of Educational Studies, 44*(1), 93 – 106.

Snow, R.E. (1978). Aptitude-treatment interactions in educational research. In L.A. Pervin & M. Lewis(Eds.), *Perspectives in interactional psychology* (pp. 237 – 262). Boston, MA: Springer.

Snow, R.E. (1991). Aptitude-treatment interaction as a framework for research on individual differences in psychotherapy. *Journal of Consulting and Clinical*

教育效果的辩证

Psychology, 59(2),205 – 216.

Snow, R. E. (1992). Aptitude theory: Yesterday, today, and tomorrow. *Educational Psychologist, 27*(1),5 – 32.

Southgate, D. E. (2009). *Determinants of shadow education: A cross-national analysis* (Doctoral dissertation). The Ohio State University, Columbus, OH. Retrieved from etd. ohiolink. edu/! etd. send _ file? accession = osu1259703574&-disposition＝inline.

Stebbins, L. B. (1977). *Education as experimentation: A planned variation model* (Vol. 4). Lanham, MD: University Press of America.

Stephens, T. , &- Brynner, R. (2009). *Dark remedy: The impact of thalidomide and its revival as a vital medicine.* New York, NY: Basic Books.

Stern, S. (2008). *Too good to last: The true story of Reading First.* Washington, DC: Thomas B. Fordham Institute.

Sternberg, R. J. (1988). *The triarchic mind: A new theory of human intelligence.* New York, NY: Viking Books.

Stevenson, H. , &- Stigler, J. W. (1994). *The learning gap: Why our schools are failing and what we can learn from Japanese and Chinese education.* New York, NY: Simon &- Schuster.

Stevenson, H. W. , &- Stigler, J. W. (2006). *The learning gap: Why our schools are failing and what we can learn from Japanese and Chinese education* (2nd ed.). New York, NY: Simon &- Schuster.

Stewart, W. (2013, December 3). Is Pisa fundamentally flawed? Retrieved from www. tes. co. uk/article. aspx?storycode＝6344672.

Stockard, J. (2010). Promoting reading achievement and countering the "fourth-grade slump": The impact of direct instruction on reading achievement in fifth grade. *Journal of Education for Students Placed at Risk, 15*(3),218 – 240.

Strang, R. (1967). The current status and enduring value of "On their own in reading" by W. S. Gray. *The School Review, 75*(1),114 – 121.

Strauss, V. (2011, June 3). 5th grader's essay: High-stakes tests lead to stress, not learning. *The Washington Post.* Retrieved from www. washingtonpost. com/blogs/answer-sheet/post/5th-graders-essay-high-stakes-tests-lead-to-stress-not-learning/2011/06/02/AGQbJIIH _ blog. html? utm _ term=.775872606047.

Success for All Foundation. (2017). Highlights. Results. Retrieved from www. successforall. org/results/.

Suicide the leading cause of death among youth. (2007, March 27). *China Daily.* Retrieved from spanish. china. org. cn/english/China/204533. htm.

Swanson, H. L. , & Sachse-Lee, C. (2000). A meta-analysis of single-subject-design intervention research for students with LD. *Journal of Learning Disabilities, 33*(2),114 – 136.

Tarver, S. G. (1998). Myths and truths about direct instruction. *Effective School Practices, 17*(1),18 – 22.

Tate, W. F. (1997). Race-ethnicity, SES, gender, and language proficiency trends in mathematics achievement: An update. *Journal for Research in Mathematics Education, 28*(6),652 – 679.

Telegraph Reporters. (2016, July 23). Half of primary school pupils to follow Chinese style of learning maths with focus on whole-class teaching. Retrieved from www. telegraph. co. uk/education/2016/07/12/half-of-primary-school-pupils-to-follow-chinese-style-of-learnin/.

Terhart, E. (2011). Has John Hattie really found the holy grail of research on teaching? An extended review of visible learning. *Journal of Curriculum Studies, 43*(3),425 – 438.

Tienken, C. H. (2008). Rankings of international achievement test performance and economic strength: Correlation or conjecture? *International Journal of Education Policy & Leadership, 3*(4),1 – 15.

Tienken, C. H. , & Zhao, Y. (2013). How common standards and standardized testing widen the opportunity gap. In P. L. Carter & K. G. Welner(Eds.), *Closing the opportunity gap: What America must do to give every child an even chance* (pp. 113 – 122). New York, NY: Oxford University Press.

Toppo, G. , Amos, D. , Gillum, J. , & Upton, J. (2011, March 17). When test scores seem too good to believe. *USA Today*. Retrieved from www. usatoday. com/news/education/2011-03-06-school-testing_N. htm.

Tu, R. , & Lin, R. (2009). Shanghai Chengxiang Jumin Jiating Jiaoyu Zhichu ji Jiaoyu Fudan Zhuangkuan Diaocha Fenxi [A Survey of Family Education Expenditures in Shanghai]. *Jiaoyu fazhan yanjiu [Research in Educational Development]*, *2009*(21), 21 – 25.

Tucker, M. (Ed.). (2011). *Surpassing Shanghai: An agenda for American education built on the world's leading systems*. Boston, MA: Harvard Education Press.

Tucker, M. (2014). *Chinese lessons: Shanghai's rise to the top of the PISA league tables*. Retrieved from www. ncee. org/wp-content/uploads/2013/10/ChineseLessonsWeb. pdf.

Tucker, M. (2016, February 29). Asian countries take the U. S. to school. *The Atlantic*. Retrieved from www. theatlantic. com/education/archive/2016/02/us-asia-education-differences/471564/.

U. S. Department of Education. (2002a). Closing the achievement gap in America's public schools. Retrieved from www. ed. gov/nclb/overview/welcome/closing/index. html.

U. S. Department of Education. (2002b). Reading first: Purpose. Retrieved from www2. ed. gov/programs/readingfirst/index. html.

U. S. Department of Education. (2002c, March). *Strategic plan 2002 – 2007*. Retrieved from www2. ed. gov/about/reports/strat/plan2002-07/plan. pdf.

U. S. Department of Health and Human Services, Food and Drug

Administration, Center for Drug Evaluation and Research, Center for Biologics Evaluation and Research. (2012). *Guidance for industry and investigators: Safety reporting requirements for INDs and BA/BE studies.* Retrieved from www. fda. gov/downloads/Drugs/GuidanceComplianceRegulatoryInformation/Guidances/UCM227351. pdf.

Valencia, R. R. (2012). Deficit thinking paradigm. In J. A. Banks (Ed.), *Encyclopedia of diversity in education* (pp. 612–614). Thousand Oaks, CA: Sage.

Valencia, R. R. (2015). *Students of color and the achievement gap: Systematic challenges, systematic transformations.* New York, NY: Routledge, Taylor & Francis Group.

Vinovskis, M. A. (1999). *History and educational policymaking.* New Haven, CT: Yale University Press.

Vogell, H. (2011, July 6). Investigation into APS cheating finds unethical behavior across every level. *The Atlanta Journal-Constitution.* Retrieved from www. ajc. com/news/investigation-into-aps-cheating-1001375. html.

Wagner, T. (2008). *The global achievement gap: Why even our best schools don't teach the new survival skills our children need — and what we can do about it.* New York, NY: Basic Books.

Wagner, T. (2012). *Creating innovators: The making of young people who will change the world.* New York, NY: Scribner.

Watkins, C. L. (1995), Follow Through: Why didn't we. *Effective School Practices, 15*(1), 6.

Watkins, C. L. (1997). *Project Follow Through: A case study of contingencies influencing instructional practices of the educational establishment.* Cambridge, MA: Cambridge Center for Behavioral Studies.

Wentzel, K. R. (1991). Social competence at school: Relation between social responsibility and academic achievement. *Review of Educational Research, 61*

(1),1 - 24.

West-Knights, I. (2017, January 27). Why are schools in China looking west for lessons in creativity? *Financial Times.* Retrieved from www. ft. com/content/ b215c486-e231-11e6-8405-9e5580d6e5fb.

What Works Clearinghouse. (2014). *Procedures and standards handbook version 3. 0.* Retrieved from ies. ed. gov/ncee/wwc/Docs/referenceresources/ wwc_procedures_v3_0_standards_handbook. pdf.

Whitney, A. K. (2016, January 27). The man who tried to kill math in America. *The Atlantic.* Retrieved from www. theatlantic. com/education/ archive/2016/01/the-man-who-tried-to-kill-math-in-america/429231/.

Willingham, A. (2017, May 24). How to make sense of the school choice debate. *CNN.* Retrieved from www. cnn. com/2017/05/24/us/school-choice- debate-betsy-devos/index. html.

Witte, J. F. (2001). *The market approach to education: An analysis of America's first voucher program.* Princeton, NJ: Princeton University Press.

Wolf, P.J., Kisida, B., Gutmann, B., Puma, M., Eissa, N., & Rizzo, L. (2013). School vouchers and student outcomes: Experimental evidence from Washington, DC. *Journal of Policy Analysis and Management, 32*(2),246 - 270.

Wraga, W.G. (2001). Left out: The villainization of progressive education in the United States. *Educational Researcher, 30*(7),34 - 39.

Wu, H.-H. (2000). The 1997 mathematics standards war in California. In S. Stotsky(Ed.), *What's at stake in the K - 12 standards wars: A primer for educational policy makers* (pp.3 - 31). New York, NY: Peter Lang.

Wu, J. (2015, February 2). Guonei jingbansu jiazhang meinian jiating jiaoyu zhichu chao liu qiang yuan [Nearly half of Chinese families' education expenditure over 6,000 yuan]. Retrieved from www. thepaper. cn/newsDetail_ forward_1300235.

Yatvin, J. (2000). *Minority view*. Retrieved from www. nichd. nih. gov/ publications/pubs/nrp/Documents/minorityView. pdf.

Young, M. D. (1958). *The rise of the meritocracy, 1870 – 2033: An essay on education and equality*. London, UK: Thames & Hudson.

Zhao, Y. (2006). Creativity cannot be taught, but it can be killed. *Detroit Free Press*. Retrieved from www. freep. com/apps/pbcs. dll/article? AID =/ 20060116/OPINION02/601160310/1070/OPINION02&template=printart.

Zhao, Y. (2009). *Catching up or leading the way: American education in the age of globalization*. Alexandria, VA: Association for Supervision and Curriculum Development.

Zhao, Y. (2012a). Flunking innovation and creativity. *Phi Delta Kappan, 94* (1),56 – 61.

Zhao, Y. (2012b). *World class learners: Educating creative and entrepreneurial students*. Thousand Oaks, CA: Corwin.

Zhao, Y. (2014). *Who's afraid of the big bad dragon: Why China has the best (and worst)education system in the world*. San Francisco, CA: Jossey-Bass.

Zhao, Y. (2015a). *Lessons that matter: What we should learn from Asian school systems*. Retrieved from www. mitchellinstitute. org. au/reports/ lessons-that-matter-what-should-we-learn-from-asias-school-systems/.

Zhao, Y. (2015b). A world at risk: An imperative for a paradigm shift to cultivate 21st century learners. *Society, 52*(2),129 – 135.

Zhao, Y. (Ed.). (2016a). *Counting what counts: Reframing education outcomes*. Bloomington, IN: Solution Tree Press.

Zhao, Y. (2016b). From deficiency to strength: Shifting the mindset about education inequality. *Journal of Social Issues, 72*(4),716 – 735.

Zhao, Y. (2016c, November 29). It must be the chopsticks: The less reported findings of 2015 TIMSS and explaining the East Asian outstanding performance. Retrieved from zhaolearning. com/2016/11/29/it-must-be-

教育效果的辩证

chopsticks-the-less-reported-findings-of-2015-timss-and-explaining-the-east-asian-outstanding-performance/.

Zhao, Y. (2016d). Numbers can lie: The meaning and limitations of test scores. In Y. Zhao(Ed.), *Counting what counts: Reframing education outcomes* (pp. 13 – 30). Bloomington, IN: Solution Tree Press.

Zhao, Y. (2016e, November 29). Stop copying others: TIMSS lessons for America. Retrieved from zhaolearning. com/2016/11/30/stop-copying-others-timss-lessons-for-america/.

Zhao, Y. (2017, September). Fatal attraction: Why the West must stop copying China's flawed education system. *New Internationalist,* 505, 24 – 25.

Zhao, Y. (2018). *Reach for greatness: Personalizable education for all children.* Thousand Oaks, CA: Corwin.

Zhao, Y. , & Wang, Y. (2018). Guarding the past or inventing the future: Education reforms in East Asia. In Y. Zhao & B. Gearin(Eds.), *Imagining the future of global education: Dreams and nightmares* (pp. 143 – 159). New York, NY: Routledge.